Das Buch

Dieses Buch erlebte binnen kurzer Zeit fünf Auflagen. Offenkundig hatte der Autor mit seinen Fragen, was passiert da eigentlich in Berlin-Hohenschönhausen, wozu und mit welcher Absicht? den Nerv vieler Zeitgenossen getroffen. Oder müsste es heißen: mit seinen Antworten? Denn anders als die meisten Medien, die alles A und O finden und das Geschäft der »Gedenkstätte« besorgen, gibt es nicht wenige Menschen, die sowohl die Einrichtung, mehr jedoch noch die Tatsache, wie hier indoktriniert und Hass geschürt wird, sehr kritisch sehen. Schneider beschäftigt sich mit der Gedenkstättenarbeit viele Jahre, war selbst einmal dort tätig. Und er macht das, was er schon immer tat: Menschen an ihren Taten und nicht ausschließlich an ihren Worten zu messen.

Die Autoren

Horst Schneider, Jahrgang 1927, geboren und aufgewachsen in Schlesien. Nach Kriegseinsatz Neulehrer und Schuldirektor im Kreis Niesky. Von 1955 bis 1990 Tätigkeit an der Pädagogischen Hochschule in Dresden, ab 1967 als Dozent, seit 1980 als Professor für Allgemeine Geschichte. Zu Beginn der 70er Jahre im diplomatischen Dienst der DDR in Tansania. Von 1990 bis 1994 war Prof. Dr. Horst Schneider Alterspräsident des Dresdner Stadtparlaments.

Klaus Huhn, Jahrgang 1928, Berliner, seit 1945 publizistisch tätig. Er gehörte zur Gründergeneration der Tageszeitung Neues Deutschland *und war bis 1990 dort aktiv. Nach seinem Ausscheiden aus dem ND gründete Huhn den spotless-Verlag und den spotless-Buchklub, die sich beide seit nunmehr fast zwei Jahrzehnten erfolgreich behaupten.*

W0171146

Horst Schneider

Das Gruselkabinett des Dr. Knabe(lari)

Mit einem Vorwort von Klaus Huhn

ISBN 978-3-360-02046-8

© 2011 spotless im Verlag Das Neue Berlin, Berlin
korr. Neuauflage des spotless-Bandes von 2005
Umschlaggestaltung/Satz: edition ost
Cover unter Verwendung eines Fotos von Robert Allertz; Außenwerbung
unweit der »Gedenkstätte« in Berlin-Hohenschönhausen im Jahr 2005
Druck und Bindung: Salzland Druck, Staßfurt

Ein Verlagsverzeichnis schicken wir Ihnen gern:
Das Neue Berlin Verlagsgesellschaft mbH
Neue Grünstr. 18, 10179 Berlin
Fax 01805/35 35 42
Tel. 01805/30 99 99 (0,14 Euro/Min., Mobil max. 0,42 Euro/Min.)

Die Bücher des Verlages Das Neue Berlin und spotless erscheinen
in der Eulenspiegel Verlagsgruppe.

www.edition-ost.de

Inhalt

Autoren und Verlage, auch dieser, werden regelmäßig mit
Prozessen überzogen. So klagen gern Personen aus der
»Gedenkstätte Hohenschönhausen« und deren Umfeld,
welche sich in unseren Büchern falsch wiedergegeben oder
sonstwie beleidigt sehen. Die Armada der von ihnen
aufgebotenen Rechtsanwälte ist beachtlich.
Vom Wesen her handelt es sich um juristische Flohknacke-
rei und um das Schinden von Honoraren. Denn egal, wie
das Verfahren endet: Der Anwalt verdient immer.
Und darum wollen sie auch nicht begreifen, dass der Streit
nicht um einzelne Worte, sondern um die Wirkung der
Institution in toto auf die Besucher geht. Und die ist – was
jedoch offensichtlich gewünscht – aufs Publikum verhee-
rend. Da muss man zum Beweis nicht nur unbedarfte Abi-
turientinnen aus dem Schwarzwald zitieren. Selbst ein
hartgesottener ehemaliger NVA-Feldwebel, der nach 1990
nach Oberbayern ausgewandert war,
verspürte die »Gehirnwäsche«, als er während eines Berlin-
Urlaubs die »Gedenkstätte« besuchte.
»Die durch die Gedenkstätte führenden Mitarbeiter wissen, wie man dem unbedarften Besucher immer wieder
diesen wohligen Gruselschauer über den Rücken jagt,
damit das Interesse erhalten bleibt. [...] Sofern ein ehemaliger Häftling durch die Gedenkstätte führt, muss man
seine Fragen und Anmerkungen sehr diplomatisch formulieren, damit sie nicht zu sozialismusfreundlich klingen,
oder besser gleich die Klappe halten.
Es war nicht meine erste Führung in politischen Gedenkstätten. Was mir jedoch auffällt, dass neuerdings in derarti-
gen Gedenkstätten Fakten eine immer geringer werdende
Rolle spielen. Es werden zunehmend unbestätigte und auch
offensichtlich falsche Vermutungen unter die Besucher verbreitet.« (28. Mai 2005, http://www.nva-forum.de/nva-
board/index.php?s=868359b7b87d20717061357ac5f7
d3e8&showtopic=3176)

1. Vorweg-Kapitel

Horst Schneider ist Historiker im Rang eines Professors und genießt auch bei politisch Andersdenkenden Ansehen. Er hat Berge von Dokumenten zum Thema Gedenkstätten im allgemeinen und Hohenschönhausen im besonderen durchforscht und analysiert.

Ich, Klaus Huhn, bin von Hause aus Sportjournalist, und zudem Autor von Büchern verschiedener Sachthemen, die sich in ihrer Gesamtauflage der Zwei-Millionen-Grenze nähern.

Gemeinsam haben sich Schneider und ich für das Dauerthema »Kreuzzug gegen die DDR« entschieden, uns den brisanten Frontabschnitt »Stasi« ausgesucht, dort die Kampfzone »Gedenkstätten« gewählt und uns schließlich konkret auf »Hohenschönhausen« konzentriert. Ein Entscheidung, die weder Glückwunschtelegramme verhieß noch Hoffnungen auf ein Bundesverdienstkreuz nährte, nicht einmal auf eine Kandidatur für die »Goldene Henne«. Im Gegenteil, wer sich für solche Themen entscheidet, hat Verdruss zu erwarten, denn man weiß seit langem: Wer gegen den Antikommunismus antritt, muss damit rechnen – seit Karl Marx (1818-1883) und Friedrich Engels (1820-1895).

Der Professor besorgte die exzellente Analyse der Fakten, ich wuselte durch die Gegenwart. Eine Art »Aufklärer«.

Wodurch ich mich dafür empfahl?

Durch Geheimdienst-Erfahrung!

Jüngeren sei erläutert: 1956 fanden die Olympischen Sommerspiele im Herbst in Melbourne statt. Trotz aller Proteste und heftiger Gegenwehr musste die Bundesrepublik Deutschland damals die Entscheidung des Internationalen Olympischen Komitees hinnehmen und eine Mannschaft beider deutscher Staaten in Australien starten lassen. Damit – lernte ich damals – wurden Athleten der DDR über Nacht zum Ausspähungsobjekt für den BND. Um bei einem leicht verständlichen Beispiel zu bleiben: Wie schnell die Hürdensprinterin Gisela Birkemeyer-Köhler lief, konnten die Geheimdienstexperten in Pullach bei München jeder Zeitung entnehmen. Aber Geheimdienste führen keine Sportbestenlisten, sondern spüren menschlichen Unzulänglichkeiten nach. Denn schon damals – lernte ich – befasste sich der BRD-Geheimdienst mit der Frage, wie man DDR-Athleten dazu bewegen könnte, die »Freiheit« wählen zu wollen und deshalb die Seiten zu wechseln. Das Problem für die in Australien agierenden BRD-Geheimdienstler war damals: Sie wussten so gut wie nichts über die DDR-Athleten. Also suchten sie emsig einen Informanten (also einen IM) und waren dabei nicht wählerisch.

Denn sie wählten mich.

Es geschah am Abend des 2. November 1956 – die Spiele wurden erst am 22. November eröffnet – an der Bar des »Victoria-Clubs«, der vornehmlich von Deutsch-Australiern frequentiert wurde. Beauftragt mit der »Anwerbung« war eine Dame, die allerdings zumindest vom Äußeren her keine Agentenanwerber-Spitzenkraft zu sein schien. Sie zog sich mit mir in einen Nebenraum zurück und erläuterte detailliert, welche Informationen von mir erwartet würden. Auch dass derlei gut honoriert würde, erfuhr ich bei dieser Gelegenheit.

Der Anwerbeversuch endete jedoch jäh, als sie aus ihrem Notizbuch die Frage nach meiner Arbeitsstelle ablas und ich wahrheitsgemäß anwortete: »Redaktion *Neues Deutschland*«.

Sie bat, spürbar irritiert, um eine kurze Pause, und kehrte nie mehr zu mir an die Bar zurück. Selbst wenn man sie hinterher gerügt haben sollte, weil sie sich über meinen Arbeitsplatz nicht vor der Kontaktaufnahme informiert hatte, dürfte sie einen Aktenvermerk angelegt haben, denn es war immerhin nicht auszuschließen, dass ich auf das Angebot zurückgekommen wäre und dann versichert hätte, Verrat zu begehen.

Rein theoretisch.

Wie auch immer: Eine Akte müsste vorhanden sein, und ich verweise auch seitdem gern darauf, dass ich mindestens eine knappe Stunde für einen Job beim BND in Aussicht genommen worden war.

Soviel zu meiner »Qualifikation« für dieses Thema. Ich bin also kein ganz ahnungsloser Geheimdienstlaie.

An die Seite Professor Schneiders geriet ich, als der ein von mir verlegtes und viel Staub aufwirbelndes Gedenkstätten-Nachschlagwerk um das Thema Hohenschönhausen zu erweitern empfahl.

Die Zusage, daran mitzuwirken, trug mir beachtliche Aufmerksamkeit ein, mit der ich in meinem Alter nicht mehr gerechnet hatte. Ich sah mich eines Julimorgens 2005 riesengroß auf einem Bild in der B. Z., die von sich behauptet, »Berlins größte Zeitung« zu sein. Zwar war ich auf dem Bild nur mühsam zu erkennen, aber das lag daran, dass es mit versteckter Kamera – die gesetzlich vorgeschriebene B. Z.-Autorenzeile lautete vage: »Foto: Privat« – aufgenommen worden war und damit die Geheimdienstumwelt der Situation nachdrücklich bekräftigte.

Der Reihe nach. Ich hatte mich als ins Auge gefasster Verleger dieses Taschenbuchs zusammen mit MfS-Ex-Obrigkeiten zu einer Führung durch die »Gedenkstätte Hohenschönhausen« an deren Pforten getroffen. Einige aus der Gruppe waren von der Gedenkstättenbelegschaft erkannt, aber natürlich nicht begrüßt worden.

Über Handys wurden die »Privat«-Fotografen alarmiert, vielleicht im Hintergrund gar eine Krisensitzung abgehalten, denn der Beginn unserer Führung, für die wir den ausgeschilderten Eintrittspreis – inklusive Rentnerermäßigung – entrichtet hatten, verzögerte sich »durch den Ausfall eines Führers« um zwölf Minuten.

Zwanzig Tage lang wurde dann wohl hinter den Kulissen gegrübelt, welche Folgen dieser Besuch zeitigen könnte. Weitere neun vergingen, ehe man sich zu einer »Breitseite« entschloss: Die *B. Z.* erschien mit der ganzseitigen Schlagzeile: »Stasi-Schande!« und jenem schon erwähnten Gruppenbild mit mir, dem einst um Haaresbreite vom BND Angeworbenen. In meiner Hand konnte man sogar ein nicht sehr billiges Tonbandgerät erkennen, was immerhin den Beweis dafür liefern konnte, dass ich jedes Wort der Führung mitschnitt. (Wenn die *B. Z.* den Gedenkstättenerklärer Mario Röllig mit den Worten zitierte: »Während des Rundgangs kamen von den Männern viele negative Kommentare. Sie runzelten die Stirn, rümpften verächtlich die Nasen und tuschelten untereinander«, muss das schlicht als Erfindung bezeichnet werden, denn kein Wort der Führung überraschte uns.) Hier der aufgezeichnete O-Ton des Mario Röllig:

»Die Aufständischen des 17. Juni schilderten uns, dass sie sich nach wenigen Tagen manchmal nicht mehr unterhalten konnten … Nicht weil sie nicht durften, sondern weil der Sauerstoff langsam knapp wurde. Es war so, dass nach anderthalb, zwei Wochen bei vielen die Kleider und die Haare schimmelten, weil die Luftfeuchtigkeit in einer Zelle, gerade im Winter, durch das feuchte Mauerwerk und durch das Atmen so vieler Menschen in einer Zelle unerträglich wurde …

Hier in diesen Gefängnissen war es aber so geregelt, dass an die Wachmannschaften auch eine Dienstanweisung ausgegeben wurde, Gefangene sollten sich durch Selbstmord nicht ihrer gerechten Strafe entziehen können. Deshalb hat man … bis '89 Gefangene in der Zelle ständig beobachtet … Gefangene haben berichtet: Gab es einen unter ihnen, der die Nerven blank hatte, der einfach sterben wollte, der wurde durch die Wärter rausgeholt, mit Spritzen ruhig gestellt und dann gefesselt wieder in so eine Zelle zurückgebracht …

In den ersten Jahren … war es so, dass Gefangene eigene Kleidungsstücke zerreißen und als Toilettenpapier benutzen mussten …

Ein Häftling, der im Dezember '88 in dieser Zelle war, berichtete, dass es so kalt war, dass er nach ein paar Tagen das Eis von der Wand schaben musste …

Wir wissen zum Beispiel auch von Untersuchungsgefangenen, die Erich Mielke als Vernehmer hatten, der hat mehr geschlagen als verhört …

Gefangene wurden im Winter in den kalten Zellen gefoltert, die auch mit einem Wasserschock geflutet wurden, … von außen konnte reguliert werden, ob das Wasser anstieg oder abfloss …

Hier wurde … eine sogenannte … Wasserfolter eingebaut … ein Gestell aus Holzbalken, an das der Gefangene in gebeugter Haltung gebunden wurde. Aus einer oberen Schüssel traf ihn ein Wassertropfen. Nach einer Zeit, also Stunden, wirkte der Tropfen wie ein Hammer, wie ein Ziegelstein. … Der Gefangene verliert das Bewusstsein … Möchte ich noch sagen, dass wir bis heute keinen Zeitzeugen gefunden haben, der daran gefoltert wurde … vielleicht, – werten Sie das als meine persönliche Meinung, – hat man diese martialische Folter nicht überlebt …

… Wenn wir über die Amerikaner in Guantanamo reden … müssen wir auch über die Dinge in China reden … und über die Türkei … Möchte ich hier auch mal meine eigene Meinung sagen, dass die Türkei nicht in die EU aufgenommen werden sollte.«

Die Versuche, die Türkei in die EU aufzunehmen, wurden allerdings – das räume ich ein – nicht der »Stasi« angelastet.

Jedenfalls schlug ich nach diesem Rundgang in Anlehnung an den Gedenkstättenleiter Knabe Prof. Schneider als Titel für unsere Arbeit vor: »Das Gruselkabinett des Dr. Hubertus Knabe(lari)«

Zugegeben: Der 1997 von dem Schauspieler Friedrich von Thun als Filmfigur erfundene Prof. Capellari hat nichts aufzuweisen, was sich mit unserem Anliegen in Verbindung bringen ließe. Thun könnte deswegen sogar mit übler Nachrede drohen, aber ich führe ins Feld: Auch die Gedenkstättenlegende von Hohenschönhausen hat so wenig mit der Wahrheit zu tun wie der Münchener Amateurkriminologe mit den Realitäten des von ihm gern frequentierten Starnberger Sees!

Das müsste bewiesen werden.

Professor Schneider tut es mit seinen Dokumenten überzeugend, und die mitgeschnittenen Zitate von Mario Röllig erhärten die Behauptung hinlänglich.

Bliebe noch die Verwendung der Vokabel »Gruselkabinett«.

Das »offizielle« Berliner Gruselkabinett ist in einem alten Bunker am Anhalter Bahnhof zu finden. Die Gesellschaft, die es betreibt, führt im Firmennamen den Begriff »Entertainment«, also »Unterhaltung«. Der Werbetext lautet: »Ein Spaziergang des Schreckens mit Action, unheimlich lebendigen Szenen, gruseliges Labyrinth, duster miefig …«

Ein Schüler der Heinrich-Böll-Oberschule in Berlin-Spandau schrieb am 3. Juni 2005 nach dem Besuch dort: »Man sollte wirklich nur hingehen, wenn man starke Nerven hat …«

Gleiches gilt für das Gruselkabinett in Hohenschönhausen, das sich von dem am Anhalter Bahnhof jedoch dadurch unterscheidet, das es sich nicht als »Gruselkabinett« mit dem Ziel der »Unterhaltung« empfiehlt, sondern als angebliches Original-Rudiment aus DDR-Zeiten gezeigt wird. Hier wird Delegitimierung der DDR pur geboten und nebenbei ein wenig marktwirtschaftlich genutzt: Tourismusunternehmen oder ihre Kunden kas-

12

sieren »Fördermittel«, wenn sie die »Gedenkstätte« ins Programm der Berlin-Besuche aufnehmen. Die Folge: Frühmorgens parken die ersten Reisebusse ein. Für 2004 wurden 128.000 Besucher angegeben, darunter mehr als 55.000 junge Leute, davon etwa 40.000 Schüler. Ich las den Bericht einer Abiturklasse aus Berchtesgaden – die Stadt verlor ihre Bewerbung um die Olympischen Winterspiele bekanntlich, weil kaum jemand bereit war, in Hitlers früherer Residenz Olympia zu feiern –, die von dem Rundgang durch das »Gruselkabinett des Dr. Hubertus Knabe(lari)« schockiert war und die DDR bis an ihr Lebensende nach diesem Erlebnis als »Unrechtsstaat« ausgeben wird. (Tenor: »Ich habe die Folterzellen gesehen …«)

Die Wahrheit ist: Von 1945 bis 1951 unterstand die Haftanstalt in Hohenschönhausen der sowjetischen Besatzungsmacht. Fragen, Vorwürfe oder Anklagen zu diesem Zeitraum wären heute also an den Kreml zu richten. Die »Gestalter« der Gedenkstätte aber hatten nichts mit beweisbarer Geschichte im Sinn und »transferierten« die »rekonstruierten« Uraltanlagen schlankweg in die MfS-Ära.

Unser Besuch muss die »Gedenkstätten«-Obrigkeit jedenfalls beträchtlich verunsichert haben. Die als Medien-Flankenschutz zu Hilfe gerufene *B. Z.* zitierte als Häftlings-Kronzeugen den Gedenkstätten-Angestellten Hartmut R., der angeblich über den Besuch empört war.

Als zweiter Kronzeuge wurde Hans-Eberhard Z. aufgeboten: »1953 musste ich 72 Stunden in der 20 mal 50 Zentimeter-Zelle stehen.« Jeder Medizinstudent hätte den *B. Z.*-Autor Tomas Kittan aufklären können: Eine Zelle der angegebenen Größe enthielte maximal 19 Liter Sauerstoff, die höchstens zwei Stunden zum Überleben gereicht hätten. Zwei von angeblichen 72!

Es ist hinlänglich bekannt, dass der Rechtsstaat BRD nach 1990 – assistiert von der »Zentralen Erfassungsstelle für DDR-Unrecht« in Salzgitter, die über Jahrzehnte auch ehemalige Häftlinge befragt hatte – alle Vorwürfe gegen DDR-Strafvollzugsbeamte juristisch verfolgte. Nirgendwo in der »Gedenkstätte« sind indes die Ablichtungen rechtskräftiger diesbezüglicher Urteile einzusehen. Kein Wunder: Es gab keine!

Die Kulturstaatsministerin Christina Weiss offenbarte am 5. November 2004 bei einem Besuch des Depots des Deutschen Historischen Museums in Berlin-Spandau das Motiv für diese hemmungslosen Geschichtsfälschungen: »Gerade in Zeiten gut gepflegter Nostalgie und einer immer unbekümmerteren Rückschau auf die vermeintliche Geborgenheit in der DDR leuchten die Geschichtsmuseen die verriegelte Gesellschaft aus, [...] so die Gedenkstätte im ehemaligen Stasi-Untersuchungsgefängnis Hohenschönhausen.«

Der Berliner Senat, der jeden Morgen bei Banken Kredite aufnimmt, um die am Abend fälligen Schuldenzinsen begleichen zu können, fand in seinen leeren Kassen immerhin 19 Millionen Euro für die weitere Ausstattung Hohenschönhausens.

2. Vorweg-Kapitel

Ab der 5. Auflage eingefügt

Die erste Fassung dieses Taschenbuchs war im Juni 2005 erschienen. Es erlebte eine erste, bald darauf eine zweite und schließlich die dritte Auflage. Dieser Hinweis verrät, dass es damit an eine Bestseller-Grenze gelangte. Einmal mehr erwies sich: konsequenter Kampf gegen die Lüge findet auch interessierte Leser!

Den Lügnern entging das nicht. Sie machten mobil.

Am 7. Oktober 2005 – exakt um 11.47 Uhr – erreichte spotless der folgende Brief einer renommierten Rechtsanwaltskanzlei, die Büros in München (fünf Anwälte) und Berlin (33 Notare und Anwälte) unterhält.

»Sehr geehrter Herr Huhn, ich zeige an, dass ich Herrn Dr. Hubertus Knabe vertrete und versichere auf mich lautende Vollmacht. [...] In Ihrem Verlag ist das Buch mit dem Titel ›Das Gruselkabinett des Dr. Hubertus Knabe(lari)‹ des Autors Horst Schneider erschienen. Hier werden über Herrn Dr. Knabe mehrere Falschbehauptungen verbreitet: So heißt es auf Seite 19: ›Als Mitglied des Veldensteiner Kreises betätigt sich Hubertus Knabe aktiv im Sinne der sog. Totalitarismus-Forschung‹.

Herr Dr. Knabe ist nicht und war auch niemals Mitglied das ›Veldensteiner Kreises‹. ...

Auf Seite 70 heißt es über Herrn Dr. Knabe : ›So wirkte er als Pressesprecher der Grünen in Bremen, wurde Anfang der 90er Jahre Studienleiter an der Westberliner Evangelischen Akademie, die ihn nach 1990 als Lektor nach Ljubljana schickte.‹

Die Evangelische Akademie hat Herrn Dr. Knabe 1990 nicht als Lektor nach Ljubljana geschickt.

Durch die Verbreitung unwahrer Tatsachenbehauptungen werden Persönlichkeitsrechte meines Mandanten verletzt.

Ich habe Sie deshalb aufzufordern, bis zum 10. Oktober 2005 18.00 Uhr … die anliegend beigegebene strafbewehrte Unterlassungs- und Verpflichtungserklärung abzugeben.«

Die Persönlichkeitsrechte des Hubertus Knabe waren danach ausschließlich durch die Feststellung »verletzt« worden, dass ihn der Autor als »Mitglied des Veldensteiner Kreises« bezeichnet hatte.

Umfassende Auskunft über diesen Kreis gibt die Homepage der TU Chemnitz: »Der ›Veldensteiner Kreis‹ ist eine seit 1990 zweimal jährlich zusammenkommende Diskussionsrunde von Zeithistorikern, Politik- und Sozialwissenschaftlern.«

Richtig ist also, dass der Kreis *keine* Mitglieder hat.

Richtig ist aber auch, dass auf der Veldensteiner Homepage »renommierte Fachvertreter« genannt werden, die vor dem Kreis ihre »Forschungen vorgestellt« haben. Die Liste ist lang. Sie nennt an 19. Stelle Dr. Hubertus Knabe.

Mithin: Dr. Knabe könnte vom Veldensteiner Kreis eingeladen worden sein. Das ist in hohem Grade wahrscheinlich, und annehmen darf man auch, dass er dieser Einladung nachkam.

Wir forschten vorsichtshalber nach: Hatte er sich je in der Öffentlichkeit vom »Veldensteiner Kreis« distanziert? Hatte er je dagegen interveniert, dass der Kreis seinen Namen auf der öffentlich verbreiteten Referentenliste führte?

Wir fanden nirgends einen Hinweis, der darauf schließen ließ.

Die Vorwürfe gegen Autor und Verlag hatten sich mit dem Thema »Veldensteiner Kreis« nicht erschöpft. Knabe – und die von ihm engagierten Juristen – sahen nämlich auch seine »Persönlichkeitsrechte durch die Feststellung verletzt«, die Evangelische Akademie Berlins habe ihn als Lektor nach Ljubljana entsandt.

Alles in allem wurde vom Verleger Klaus Huhn die Einreichung folgender »Unterlassungserklärung« gefordert:

»Hiermit verpflichtet sich der Verleger Klaus Huhn, handelnd unter der Firma spotless-Verlag, gegenüber Herrn Dr. Hubertus Knabe,

1. es bei Meidung einer für jeden Fall der Zuwiderhandlung verwirkten Vertragsstrafe in Höhe von Euro 5.100 zu unterlassen, über Herrn Dr. Knabe wörtlich oder sinngemäß die Behauptung aufzustellen und/oder zu verbreiten und/oder aufstellen und/oder verbreiten zu lassen

– Herr Dr. Hubertus Knabe sei Mitglied des Veldensteiner Kreises;

– die Westberliner Evangelische Akademie habe Herrn Dr. Knabe nach 1990 als Lektor nach Ljubljana geschickt,

2. Herrn Dr. Knabe die Kosten für die Inanspruchnahme der Rechtsanwälte … zu erstatten.«

Der spotless-Verlag respektierte die im Rechtsstaat gültigen Paragraphen und Gesetze, faxte die geforderte Erklärung an das Anwaltsbüro und überwies das verlangte Anwaltshonorar in Höhe von rund 756 Euro.

Ich entschloss mich dazu, weil die Intervention der Anwälte auch den juristischen Schluss lieferte, dass das »Gruselkabinett« nach dieser Korrektur unwiderruflich fehlerfrei war. Andernfalls – das begreift selbst ein juristischer Laie – hätten Knabe und seine Anwälte eine umfangreichere, also vollständige »Mängelliste« vorgelegt und wäre die Kostennote eventuell höher ausgefallen. Es erschien unglaubwürdig und auch juristisch undenkbar, dass man das die Persönlichkeitsrechte wahrende Gesetz wie einen Fortsetzungsroman handhaben könnte.

Der spotless-Verlag konstatierte also, dass alle anderen genannten Fakten nicht bestritten wurden, und bedankte sich artig für dieses »Gütesiegel«.

192 Stunden nach der Versendung des Fax' – entsprechend den Gewohnheiten folgte das Original per Post – und der Überweisung der Anwaltskosten in Höhe von rund zweieinhalb Monatseinkünften eines Ost-Hartz-IV-Beziehers, begann im Speisesaal des Bezirksamtes Berlin-Hohenschönhausen – sozusagen auf der anderen Straßenseite der von Dr. Knabe geleiteten »Gedenkstätte« – eine öffentliche Lesung des Buches »Das Gruselkabinett des Dr. Hubertus Knabe(lari)«. Gezählt wurden bei dieser Veranstaltung 248 Besucher.

Einer von ihnen war der Diplompsychologe Hans-Eberhard Zahn, Mitglied des Beirats der Gedenkstätte, Er wurde am 24. Oktober 2005 in der Tageszeitung *junge Welt* nach einem anderen Auftritt so skizziert: »Die Hände hält Herr Zahn, der ältere freundliche Herr mit den weißen Haaren und dem schweren Ring am Finger, meist vorm Bauch gefaltet. … Herr Zahn (77) ist die Allzweckwaffe von Herrn Knabe. Den schickt der Chef der ›Gedenkstätte Berlin-Hohenschönhausen‹ meist vor, wenn er bestimmte Einladungen nicht wahrnehmen möchte. (*Der Abdruck dieses Zitats mit Quellenangabe dürfte keinerlei Persönlichkeitsrechte verletzen können – K. H.*)

Nach den die überfüllte Veranstaltung einführenden Vorträgen von Prof. Horst Schneider und Klaus Huhn meldete sich Herr Zahn zu Wort und plädierte dafür, bei künftigen Auseinandersetzungen im allgemeinen und in denen um die Gedenkstätte im besonderen auf Polemik zu verzichten.

Das Wort »Polemik« entstammt bekanntlich dem Griechischen und lässt sich sowohl mit »Streitkunst« als auch mit »Krieg« übersetzen. Da der auf der Gedenkstätten-Ebene nach wie vor tobende Kalte Krieg selten

»Streitkunst« offenbart, konnte man Herrn Zahns Mahnung als einen Appell an die Vernunft aller »Geschichtsaufarbeiter« verstehen.

Als einer der nächsten ergriff in der Diskussion Wolfgang Schwanitz das Wort, schloss sich diesem Appell an, erinnerte Herrn Zahn jedoch daran, dass sich die »Erklärer«, die täglich Besucher durch die Gedenkstätte führten, nicht nur einer Polemik bedienten, sondern zügellos Lügen verbreiteten.

Herr Zahn kehrte daraufhin mit der schon beschriebenen Würde ans Mikrofon zurück und bekannte ohne Umschweife: »Ja, es wird dort gelogen, auch schlimm gelogen.«

Hut ab vor diesem Geständnis, das man möglicherweise auf der anderen Straßenseite nicht mit Beifall bedachte, denn damit war faktisch ein weiterer Wahrheits-TÜV für das Schneider-Taschenbuch abgeliefert und einmal mehr erhärtet worden: Prof. Schneider und der spotless-Verlag hatten die Wahrheit verbreitet!

Worüber? Über die mit der Gedenkstätte verbundenen Manipulationen der Wahrheit, demzufolge auch der Wahrheit über die DDR und die Tätigkeit des MfS.

Guten Gewissens brachte der Verlag daraufhin eine vierte Auflage des »Gruselkabinetts« heraus und informierte darin die Leser über die vorstehend erwähnten juristischen Vorkommnisse.

Die Reaktion war verblüffend: Die neue Auflage war innerhalb 72 Stunden im wahrsten Sinne des Wortes »abgebucht«. Die Auslieferung des spotless-Verlags musste Überstunden machen.

Das Lager war bereits geräumt, als ein neues Fax aus der Knabe-Anwaltskanzlei einging …

Der Leser könnte unwillig darauf reagieren, dass er Seite um Seite statt der erwarteten Gruselkabinett-Fakten mit Anwaltsliteratur konfrontiert wird. Deshalb sei er beschieden, dass die »Paragraphen-Post« längst zum

Thema gehört. Diesmal wurde eine Unterlassungserklärung gefordert – natürlich auch die entsprechende Zahlung –, weil Herr Knabe seine Persönlichkeitsrechte durch die Feststellung verletzt sah, er sei 1990 in Ljubljana gewesen.

Der Verlag bat Frau Dr. Friederike Schulenburg, seine Interessen zu vertreten, und die richtete folgenden Brief an die Knabe-Anwälte:

»Sehr geehrte Damen und Herren Kollegen,

in der vorbezeichneten Angelegenheit zeige ich unter versicherter Vollmacht an, dass mich Herr Dr. Klaus Huhn mit seiner Vertretung beauftragt hat. …

Sie begehren für Ihren Mandanten die Unterlassung, dass er 1990 nicht als Lektor in Ljubljana tätig war und das Gerücht verbreitet wurde, dass er dies nicht aus eigenem Antrieb getan haben soll. Sie geben an, dass Herr Dr. Knabe im Jahre 1990 nicht in Ljubljana tätig gewesen sei, weder als Lektor noch in sonstiger Funktion.

Eine Persönlichkeitsrechtsverletzung ist in dieser Feststellung zwar nicht enthalten. Dennoch erkläre ich namens und im Auftrage meines Mandanten, dass er bei Meidung einer für jeden Fall der Zuwiderhandlung verwirkten Vertragsstrafe in Höhe von 5.100,00 EUR es unterlassen werde, über Herrn Dr. Knabe wörtlich oder sinngemäß diese Behauptung aufzustellen und/oder zu verbreiten und/oder aufstellen und/oder verbreiten zu lassen. … Dass die Auflage vergriffen ist, ist in den Internetseiten des Verlages schon seit Tagen enthalten. In den Werbeanzeigen sind Ihre Mitteilungen für Ihren Mandanten enthalten. Das hat offenbar zu einer derart starken Nachfrage geführt, dass die Neuauflage gegenwärtig vergriffen ist. Nachfragen von Buchhandlungen mussten negativ beschieden werden. Die Auflage ist nicht lieferbar.

Eine Verpflichtung, Ihr Honorar zu bezahlen, besteht nicht. Die jetzt beanstandete Erklärung war auch zum Zeitpunkt Ihrer ersten Beanstandung enthalten. Ihr Herr

Mandant hatte nur beanstandet, dass die Evangelische Akademie ihn 1990 nicht als Lektor nach Ljubljana geschickt hat. Durch diese Erklärung konnte mein Mandant davon ausgehen, dass er 1990 in Ljubljana gewesen und die insoweit ausdrücklich als Gerücht bezeichnete Erklärung zutreffend ist.

Hätte Ihr Herr Mandant in der Ersterklärung auch das beanstandet, wäre der weitere Schriftwechsel nicht erforderlich gewesen. Im Übrigen handelt es sich auch kostenmäßig um eine einheitliche Sache.«

Es verging eine antwortlose Zeit.

Es war indes keine stille Zeit. In der *Südthüringer Zeitung*, als deren Erscheinungsort Bad Salzungen angegeben war, erschien am 19. November 2005 ein Interview, dessen Dachzeile ankündigte: »STZ-Interview mit Hubertus Knabe über ewig Gestrige.«

Zitate daraus: »Seit einiger Zeit sind verstärkt Aktivitäten zu beobachten, mit denen ehemalige Stasi-Funktionäre versuchen, … die Geschichte der DDR zu verharmlosen. … Das hat vor allem darin seine Ursache, dass nach dem Ende der DDR mit den Verantwortlichen der SED-Diktatur sehr lax umgesprungen wurde. Es hat – von wenigen Ausnahmen abgesehen – praktisch keine Verurteilungen gegeben. Im Jahre 15 nach der deutschen Einheit sitzt kein einziger Verantwortlicher für die SED-Diktatur in Haft. …

Auch für die Gesellschaft ist dies ein Signal, dass die kommunistische Diktatur im Grunde nur halb so schlimm gewesen wäre … Auf diese Weise ist ein Milieu konserviert worden, das die DDR in sehr rosigem Licht betrachtet, die Gegenwart dafür aber umso kritischer … Doch die DDR ist schon deshalb als Vorbild völlig ungeeignet, weil sie … Methoden der Nationalsozialisten in vielem fortschrieb.«

Fragen sind bekanntlich immer zulässig. Als da wären: Liegen dem Antwortengeber nur »Gedenkstätten« am

Herzen? Oder: Wie wäre *er* denn 1990 mit »Verantwort-lichen« umgegangen?

Und manche andere Frage mehr.

So ist der »Vorweg«-Autor zufrieden, dass er nun end-lich Prof. Schneider das Wort geben kann.

Klaus Huhn,
Berlin im Frühjahr 2011

Erwartungshaltung

Wenn unsereiner, Jahrgang 1927, der den Faschismus, den Krieg und auch das als »Goldene Meile« bekannte, am Rhein gelegene US-Gefangenenlager mit Glück überlebte und von 1945 bis 1990 bewusst, überzeugt und aktiv für die antikapitalistische Alternative in der DDR gewirkt hatte, sich heute zum Thema Hohenschönhausen äußert, muss er zunächst einige Geßler-Hüte grüßen.

Das hielt selbst Günter Gaus für nötig, als er am 2. Februar 1992 seine »Dresdner Rede« hielt.

»Mächtige Hüte sind im vereinigten Deutschland aufgestellt. Man mag nicht glauben, dass Hüte mächtig sein können, aber diese sind es. Sie sind nicht kleidsam noch wärmend, nicht praktisch noch witzig. Ihre Macht allein ist Schmuck genug.

Wie Wegweiser stehen sie auf hohen Stecken im Land. Man tut gut daran, sie zu grüßen: demütig würde als übertrieben gelten, aber respektvoll sollte der Gruß schon sein. Keinesfalls kann man zur Sache kommen – hier also auf einige Teilaspekte der derzeitigen geistigen und seelischen Verfassung der Deutschen und der gegenwärtigen Beschaffenheit ihrer Gesellschaft, wie ich sie zu erkennen meine –, bevor den Hüten nicht der Achtungstribut gezollt worden ist. Würde man ihn verweigern, so wäre man alsbald in Unterstellungen verstrickt, denen zu entkommen alle Kraft verbrauchte: bis zum Verstummen hin.

Also grüßt man besser: vorbeugend, klüglich, gelehrig. Hat man erst oft genug gegrüßt, so winkt manchen Grüßenden eine Prämie: Sie sehen schließlich die Macht der Hüte als die rechtmäßige und einzig wahre an. Friede dann der Asche ihrer Freiheit. So wird es mit mir hoffentlich nicht enden. Aber anpassen will ich mich immerhin dem deutschen Gruß unserer Tage.«[1]

Unter den Geßler-Hüten, die Günter Gaus damals grüßte, befand sich Hohenschönhausen (noch) nicht. Aber er hatte ja Lücken bei der Aufzählung für möglich gehalten: »Habe ich einen Hut der Art, die nach dem schweizerischen Landvogt Geßler benannt worden ist, übersehen? Er sei gegrüßt.«

Es sei also zunächst zugegeben: In der DDR gab es Strafanstalten, Untersuchungshaftanstalten, Gefangene, Untersuchungshäftlinge, Justiz und Justizirrtümer. In dieser Arbeit wird es um das Untersuchungsgefängnis des MfS in Hohenschönhausen gehen. Es werden keine neuen Forschungsergebnisse angeboten. Vieles was zum Thema zu sagen ist, haben Wissende und Befugte in »Die Sicherheit. Zur Abwehrarbeit des MfS« (edition ost, Berlin 2002[2]) gesagt. Dort ist auch die Widerlegung der mehr als ein Dutzend Lügen zu finden, die inzwischen wie ein unheilbarer Krebs in den Medien Metastasen zur Folge haben, und eben um die Wirkung der Lügen geht es.

Das meint scheinbar auch Hubertus Knabe, wenn er im Vorwort zu seinem Buch über den 8. Mai 1945 erklärt, dass er anstrebte, »diese Erkenntnisse auch im öffentlichen Bewusstsein zu verankern«.

Einer unseres Alters und unserer Biographie wird unvermeidlich an die Nazi-Ausstellung »Das Sowjetparadies« und den Harlan-Film »Jud Süß« erinnert, mit denen Millionen bestimmte »Erkenntnisse« beigebracht wurden. Damals ging es – nach den Worten Hitlers in dessen letztem Tagesbefehl vom 15. April 1945 – darum, den »letzten Ansturm Asiens, des jüdisch-bolschewistischen Todfeindes«, abzuwehren.

Das »rote Gespenst« wurde bis 1990 in Gestalt der DDR zeitweilig Realität in der deutschen Geschichte, und die – positive wie negative – Wirkung ihrer Existenz ist aus der Erinnerung nicht mehr zu tilgen.

Im »Zirkularbrief«, den Marx und Engels am 17./18. September 1879 an Bebel, Liebknecht, Bracke und andere schrieben, kennzeichneten sie die Funktion des Gespenstes: »Was aber ist das Geheimnis des roten Gespenstes, wenn nicht die Angst der Bourgeoisie vor dem unausbleiblichen Kampf auf Leben und Tod zwischen ihr und dem Proletariat? Die Angst vor der unabwendbaren Entscheidung des modernen Klassenkampfs?«

Könnte es sein, dass hier schon eine Erklärung für den Hass mancher auf die Machtorgane der DDR liegt?

Fakt ist: Der Streit um den Umgang mit den Akten des Ministeriums für Staatssicherheit und die Gedenkstätten mit »doppelter Vergangenheit« vergiftet seit Jahren die politische Atmosphäre, spaltet die Deutschen, wirkt der Versöhnung entgegen und gibt den Rechtsextremisten und Neofaschisten Auftrieb.

Die Verleumdung der DDR und die Verteufelung der Staatssicherheit ist die Fortsetzung des Kalten Krieges gegen die Ideen des Sozialismus und des Friedens mit den raffinierten Mitteln der modernen psychologischen Kriegführung.

Dass und wie Publizisten und Journalisten an dieser »Meinungsmache« teilnehmen, hat Erich Schmidt-Eenboom im Oktober 2004 in seinem Buch »Geheimdienst. Politik und Medien« nachgewiesen. Er nennt Hubertus Knabe, den Direktor der Gedenkstätte Hohenschönhausen, einen »einäugigen Stasi-Jäger« (S. 205), der »fragwürdige Ableitungen aus den Stasi-Akten« vornimmt, statt »wissenschaftliche Recherchen« zu leisten.

Erstaunlich ist, dass auch Helmut Kohl, der als Kanzler die Richtlinienkompetenz für die Grundlinien deutscher Politik besaß und selbstherrlich ausübte, diese Gefahr sah. Er erklärte in der 53. Sitzung des Bundestages am 4. November 1993:

»Die Stasi-Akten sind insofern ein Ärgernis, das sage ich ganz offen, obwohl ich es – dem Rechtsstaat verpflichtet – nicht sagen dürfte, weil sie heute die ganze Atmosphäre vergiften und weil niemand genau weiß, was in dem Bericht Liebedienerei ist und was den Tatsachen entspricht. So kommt ein ganz übler Geruch hoch.

Wir müssen sehr aufpassen, dass er unser Leben heute nicht vergiftet. Dies ist sozusagen meine Einlassung.

Wenn ich völlig frei entscheiden könnte, wüsste ich, was mit den Akten geschehen müsste. Wir haben keine Freude daran, und Historiker werden später auch keine daran haben.« (*Deutscher Bundestag. Protokolle Bd. V/1, S. 928*)

Dem wäre anzufügen: Im Reiche der Adenauer bis Kohl blieben die »Berge von Leichen«, die der Faschismus hinterlassen hatte, weitgehend ungesühnt. Kein einziger Nazi-Blutrichter oder Hitlergeneral wurde von der Bonner Justiz rechtskräftig verurteilt. »Nürnberg« war für viele Politiker »Siegerjustiz«. Aber die »Akten«, die die DDR hinterließ, wurden zum wirksamen Gift für vielerlei Situationen und Funktionen.

Später merkte das auch Kohl, wenngleich in erträglicher Dosis (die für viele tödlich war), an seinem eigenen Schicksal. Ähnliches dürfte für Gedenkstätten wie die in Hohenschönhausen gelten. Der Hexenmeister ist nicht mehr Herr seiner Geschöpfe. Wenn man die Explosion von Lagerberichten überblickt, entsteht die Frage: Wie tragen sie zum Finden der geschichtlichen Wahrheit, zur »Aufarbeitung« der Geschichte bei?

Erstaunlicherweise haben sich Schriftsteller viel eher der »Lagerthemen« gewidmet als Historiker. Erinnert sei an Solshenizyns »Archipel Gulag«, dessen Beschreibung den Grundtenor der meisten »Lagerberichte« dieser Tage wiedergibt. Auch das Schicksal unschuldig Eingesperrter wurde zum Beispiel in Hermann Kants »Der Aufenthalt« eindrucksvoll dargestellt – gegen den Protest mancher Stellen in Polen. Den Roman »Nackt unter Wölfen« von Bruno Apitz und den gleichnamigen Film kannte in der DDR (fast) jeder.

Jeder kann prüfen, dass in den letzten Jahren jedoch die offizielle »Lagerliteratur« sich einseitig auf die DDR bezog und Teil der Strategie in der Erinnerungspolitik á la Eppelmann ist. Zu den Funktionen dieser Art von Erinnerungspolitik gehören u. a., die DDR zu verteufeln, die Idee des Sozialismus zu diskreditieren und die »Abwicklung« der DDR-Elite zu rechtfertigen.

Die Berichte der Enquete-Kommission unter Eppelmann, die Buchproduktionen unter anderem des Hannah-Arendt-Instituts für Totalitarismusforschung in Dresden, die Konzeption der »zwei Diktaturen« in Deutschland und zahllose »Dokumentationen« widerspiegeln diese Strategie. Peter Erler behauptet (*DeutschlandArchiv* 2/2005, S. 250), dass die »Gefängnisgeschichte« als eigenständiger Zweig der historischen Wissenschaft noch am Anfang steht. Das stimmt nur bedingt.

Für Haftanstalten in der DDR und sowjetische Speziallager gibt es eine Literatur, die kaum noch zu überblicken ist: Münchner Platz Dresden, Bautzen, Halle, Buchenwald, Waldheim, Torgau sind nur der Beginn der Liste. Dort, wo scheinbar eine »doppelte Vergangenheit« zu konstruieren ist, wurde mit Ressourcen und Steuergeld nicht gespart. Jobs auf diesem Gebiet sind krisensicher.

Das Buch »Zeitzeugen, inhaftiert in Berlin-Hohenschönhausen« enthält 16 Erlebnisberichte, einige Fotografien von Gebäuden und Zellen und eine Chronik.

Zwei Autoren waren wegen antisowjetischer Aktivitäten und Werwolf-Verdacht noch im Speziallager 3 inhaftiert. Von den übrigen 14 waren sieben wegen Spionage oder Sabotage, vier wegen ungesetzlichen Grenzübertritts, einer wegen staatsfeindlichem Menschenhandels, einer wegen Vergehens gegen Zoll- und Devisenbestimmungen, einer wegen staatsfeindlicher Tätigkeit in Hohenschönhausen in Untersuchungshaft, bis sie rechtskräftig verurteilt wurden.

Keiner behauptet, »unschuldig« gewesen zu sein.

Zu prüfen wäre auch, ob die Delikte, wegen der die 16 »Zeitzeugen« inhaftiert waren, heute straffrei bleiben würden. Das bundesdeutsche politische Strafrecht kennt sehr ähnliche und zum Teil schärfere Vorschriften. Während nicht erkennbar ist, wann nach 1990 das Buch mit den Zeitzeugen-Berichten entstanden ist, erschien das Buch von Peter Erler und Hubertus Knabe »Der verbotene Stadtteil. Stasi-Sperrbezirk Berlin-Hohenschönhausen« erst 2005. Es ist von der »Stiftung Gedenkstätte Berlin-Hohenschönhausen« herausgegeben und vermutlich mit Steuergeldern finanziert worden.

Welche Funktion haben die Fotos? Da ist (S. 9) ein sowjetischer Panzer am 17. Juni 1953 in der Friedrichstraße abgebildet. Gehörte sie zur »verbotenen Stadt«?

Da sieht der Betrachter (S. 11) den Grenzübergang in der Chausseestraße. Na und? Ein Wärter blickt (S. 12) in eine Zelle. Geschieht das nicht überall in der Welt in Gefängnissen? Und da ist ein Funkaufklärer (S. 13) abgebildet. Hat die Telefonüberwachung 1990 aufgehört? Gab es Abhörsysteme nur im Osten?

Die »Forschungen« und »Dokumentationen« über Hohenschönhausen führten inzwischen zu sprachlichen Klischees, die sich bei Hubertus Knabe und Peter Erler in Metaphern wie »deutsche Lubjanka« und »Dachau des Kommunismus« verdichten.

Die Assoziation ist unzweideutig, es ist darum unvermeidlich, darauf zurückzukommen. Aber schon jetzt muss die Frage gestellt werden: Warum löste es in den Medien einen Sturm aus, als ein NPD-Abgeordneter im sächsischen Landtag am 21. Januar 2005 vom »Bomben-Holocaust« sprach, und warum werden die Metaphern für Hohenschönhausen bereitwillig übernommen und weiter verbreitet?

Ich werde versuchen, im Laufe unserer Überlegungen Antworten zu finden.

Diese Arbeit setzt sich zum Ziel, einen kleinen Beitrag dazu zu leisten, die staatlich verordnete, den Steuerzahler belastende und vielen Menschen schadende Geschichtsklitterung zurückzuweisen. Sie steht damit aus meiner Sicht in direkter Fortsetzung meines im spotless-Verlag 2005 herausgegebenen Taschenbuchs »›Erinnerungsschlacht‹ ohne Ende. Anmerkungen zum Streit um die aktuelle deutsche Gedenkstättenpolitik«.[3]

Beide Publikationen wären nicht möglich gewesen, wenn ich nicht Anregungen, Zuarbeiten und kritische Hinweise von denen erhalten hätte, die für den Schutz des Friedens und der Sicherheit der DDR-Bürger gewirkt haben und nach 1990 aus durchsichtigen Gründen den Verleumdungen und Demütigungen durch »Brüder und Schwestern« im vereinten Deutschland ausgesetzt waren und sind. Mein besonderer Dank gilt der »Gesellschaft zur rechtlichen und humanitären Unterstützung« e.V. (GRH).[4] Jeder, dem Recht und Moral etwas gelten, sollte helfen, dem Verleumdungsfeldzug gegen die »Stasi« entgegenzutreten. »Die Rache ist keine Zierde für eine große Seele« (Gotthold Ephraim Lessing).

Napoleon hat gesagt:
»Das objektive Bild der Geschichte ist immer die Summe der Lügen, auf die man sich nach 30 Jahren geeinigt hat.«[5]

Das Projekt »Gedenkstätte Hohenschönhausen« als Teil neudeutscher Gedenkstätten(un)kultur

Das Napoleon zugeschriebene Zitat hat seine Tücken. Ob sich aus der Summe der Lügen ein objektives Bild der Geschichte ergeben kann, darf bezweifelt werden. Zu fragen ist auch: *Wer* einigt sich denn auf ein Geschichtsbild – auf welches und warum? Konservative Historiker plaudern das mitunter aus. In dem Buch »Geschichtsbilder«, das 2003 im Auftrag der Adenauer-Stiftung erschien, Untertitel »Vom öffentlichen Gebrauch der Geschichte. Geschichte als Instrument« (*gemeint ist das Geschichtsbild – H. Sch.*) schrieb der Autor Jörg-Dieter Gauger: »Mit Geschichte lassen sich Skandale kreieren, die Welt in ›anständig‹ und ›unanständig‹ aufteilen, in ›gut‹ und ›böse‹, lassen sich Debatten inszenieren, die über Wochen die Feuilletons beschäftigen und mediale Präsenz ermöglichen. Mit Geschichte lässt sich von den ›harten‹ Problemen, die Detail und Umsetzung erfordern, ablenken zugunsten geistesgeschichtlicher Großwetterlage, in die man Zeitdiagnostisches nach Belieben einspeisen kann. Denn ihr Potential ist für alles gut: für das falsche Zitat, die unzutreffende Parallele, für das gewollte Missverstehen, den übertriebenen Vergleich, für vermeintliche Ursachen und unterstellte Wirkung, für Ästhetik und Moral, für Vorbild, negativ oder positiv, für die Sehnsucht nach historischer ›Verortung‹ angesichts zunehmender Innovationsdynamik, gar nach ›Identität‹ [...]

Nicht der Vergleich selbst ist bedeutsam, bedeutsam ist die bildungsbürgerliche Pose, noch vergleichen zu können.

Politische Wirkung gewinnen Vergleiche, Akzente, Bewertung von Abläufen oder Beurteilungen von Personen erst wirklich, wenn sie sich zu zeithistorischen Geschichtsbildern verdichten.«[6]

Im selben Buch müht sich Gerhard Besier (ein Theologe aus Heidelberg, von 2003 bis 2008 Direktor des Hannah-Arendt-Instituts für Totalitarismusforschung, seit 2009 sächsischer Landtagsabgeordneter der Linkspartei, deren Mitglied er seit jenem Jahr auch ist), das politische Erbe Willy Brandts zu verteufeln.[7]

Goethe kam einer Antwort auf die Frage, wie ein einheitliches Geschichtsbild entsteht, näher: »Was ihr den Geist der Zeiten heißt, das ist im Grund der Herren eigner Geist.«

Der »Zeitgeist« entsteht nicht spontan, auch nicht im »freien Spiel der Kräfte« pluralistischer Anschauungen. Wer die Augen nicht absichtlich verschließt, kann am Beispiel der deutschen Gedenkstättenpolitik unschwer den staatlichen Befehl für Ziel und Richtung der »Aufarbeitung« der Geschichte und die honorierte und jobsichernde Tätigkeit »williger Helfer« verfolgen.

Die Gedenkstätte Hohenschönhausen ist Teil jener Gedenkstätten, die nach 1990 von den »Siegern der Geschichte« und ihren »willigen Helfern« installiert worden sind, um an das »SED-Unrecht« zu erinnern[8] und gemäß Order Klaus Kinkels an die Richter dazu beizutragen, die DDR als »Unrechtsstaat« zu verteufeln.[9]

Bei der Erfüllung dieser Aufgabe wirken die Eppelmänner, Gauckianer, Medien-Leute und diverse von Konzernspenden lebende Einrichtungen. Die Spender kaufen sich damit auch von ihrer Schuld in der Zeit des Faschismus frei, als sie erst die Nazis finanzierten und dann von deren Politik profitierten – beginnend bei der

»Arisierung von Betrieben«, nicht endend bei der Ausbeutung der ihnen zugetriebenen Arbeitssklaven aus ganz Europa.

In diesen Verbund der »Geschichtsschreiber« eingeschlossen sind verschiedene öffentliche und private Stiftungen (auch bestimmter Parteien), Geschichtskommissionen und Forschungseinrichtungen wie der Forschungsverbund SED-Staat an der Freien Universität Berlin und insbesondere das Hannah-Arendt-Institut für Totalitarismus-Forschung in Dresden, sie kooperieren arbeitsteilig miteinander. Mit der vordergründig auf die Delegitimierung der DDR und die Diffamierung jeglicher sozialistischer Ideen gerichteten »Erinnerungskultur« und des dafür genutzten Begriffsapparates erfolgt parallel dazu eine zunehmende Verharmlosung des Nazi-Regimes und seiner Verbrechen, zum Beispiel auch durch die von den Nazis selbst erfundene Bezeichnung ihrer faschistischen Diktatur als Nationalsozialismus.

Bestimmte konservative Kreise drängen gegenwärtig verstärkt darauf, das sächsische Gedenkstättengesetz auf die Bundesebene zu heben (und in das Strasbourger Parlament zu bringen). Damit soll die Totalitarismus-Doktrin zur Grundlage und zum Kernpunkt jeder Wertung der jüngsten Geschichte werden.

Professor Dr. Bernd Faulenbach, seit 1989 Vorsitzender der Geschichtskommission der SPD, erklärte am 18. Mai 1996 in Bautzen, was für ihn Gedenkstätten sein sollten:

1. Sie sollen das Gedenken an die Opfer ermöglichen, dazu beitragen, dass sie im kollektiven Gedächtnis bewahrt werden.

2. Sie haben die Aufgabe, über die Vergangenheit aufzuklären, insbesondere über das Geschehen an dem jeweiligen Ort, doch auch über dessen Kontexte.

3. Sie haben die Auseinandersetzung mit den Voraussetzungen, Implikationen und Konsequenzen der Ver-

brechen zu fördern, insbesondere auch im Hinblick auf die Gegenwart.

4. Sie haben die Sensibilität für die Bedeutung der Menschen- und Bürgerrechte heute und morgen zu stärken.[10]

Faulenbach hatte auch die Ehre, für das schon erwähnte Buch »Orte des Erinnerns« den grundlegenden Beitrag »Diktaturerfahrungen und demokratische Erinnerungskultur in Deutschland« zu schreiben.[11]

Einem Satz kann wohl jeder Leser zustimmen: »Und die Gestaltung dieser Vorstellungen über die Vergangenheit ist nach wie vor umstritten. Was und wie erinnert wird, ist von erheblicher Bedeutung für die Orientierung in der Gegenwart.«[12]

Und wohl auch für die Zukunft. Warum wohl werden massenhaft Kinder, Jugendliche und Jungerwachsene mit Bussen herangekarrt? Ihnen soll doch hauptsächlich vor Augen geführt werden, zu welchen »Verbrechen« die Kommunisten fähig seien, damit sie künftig gar nicht erst auf die Idee kommen, einen neuen Versuch in Richtung Sozialismus zu wagen.

Versuchen wir am Beispiel der Gedenkstätte Hohenschönhausen zu prüfen, was aus Faulenbachs hehren Prinzipien geworden ist.

Laut »Orte des Erinnerns«[13] sei die Gedenkstätte in Hohenschönhausen »wie kaum ein anderer Ort in Deutschland mit der 45-jährigen Geschichte politischer Verfolgung in der sowjetischen Besatzungszone (SBZ) und der DDR verknüpft«.

Dementsprechend befindet sich auf dem Innenhof der Gedenkstätte ein Gedenkstein mit der Inschrift »Den Opfern Kommunistischer Gewaltherrschaft 1945-1989.«

Am Eingang der Gedenkstätte befindet sich eine Tafel, die an die Geschichte der Untersuchungshaftanstalt erinnert und mit dem Satz endet: »Als Ort des Leidens und Sterbens verfolgter Menschen ist die GEDENKSTÄTTE

HOHENSCHÖNHAUSEN ein Zeugnis und Mahnmal gegen politische Unterdrückung«.

Nicht nur die Inschrift muss Anstoß sein, eine kurze Geschichte des Gebäudes und seiner Funktion einzufügen.[14] In den 20er Jahren errichtete der Fabrikant Richard Heike auf dem Gelände Genslerstraße 66-72 eine Kesselschmiede und eine Fleischwarenfabrik. 1938 verkaufte Heike ein Gebäude an die NSDAP, die es zu einer Großküche der Nationalsozialistischen Volkswohlfahrt (NSV) umbaute.

Weitere Teile des Geländes verpachtete Heike an andere Betriebe. Auf dem von der Firma ASID Serumwerke gepachteten Gelände wurden in der Nazi-Zeit Baracken für osteuropäische Zwangsarbeiter errichtet. Die Anzahl der Zwangsarbeiter, ihre Schicksale und die Zahl der Toten wurden bisher nicht ermittelt. Das als »Russenlager« bezeichnete Gelände stand aber nach Erkenntnissen des Historikers Thomas Friedrich angeblich in »keiner Beziehung zu der NSV-Küche«.[15]

Der Schrift »Der illegale Kampf der KPD 1933-1945 in Berlin-Weißensee«, 1980 vom Komitee der Antifaschistischen Widerstandskämpfer herausgegeben, ist auf Seite 59 jedoch zu entnehmen: »Der Häftling des ›Arbeitslagers Wuhlheide‹ Erich Jamin, später Oberst des MfS, wurde nach Verbüßung sechsjähriger Zuchthaushaft dorthin verlagert. Die Insassen waren vorwiegend ›Ostarbeiter und jüdische Zwangshäftlinge‹. Sie wurden u. a. in ein Arbeitskommando in der Freienwalder Straße an der Industriebahn aufgeteilt. Anwohner wie Sophie Stier und Frau Strehlow unterstützten die ausgemergelten Häftlinge mit Esswaren. Im Hauptlager wurden täglich durchschnittlich 10 bis 15 Tote registriert. Das Lager war mit einem Drahtzaun umgeben und lag unmittelbar vor dem Gelände der NS-Großküche.«

Nach dem Zweiten Weltkrieg richteten sowjetische Organe das Gebäude zunächst als Internierungslager

(Speziallager Nr. 3) und danach bis 1950 als Untersuchungshaftanstalt ein.

Von 1951 bis 1989 diente der Gebäudekomplex als Untersuchungshaftanstalt (UHA) des Ministeriums für Staatssicherheit der DDR. Zwischen 1958 und 1961 erfolgte der Neubau einer Untersuchungshaftanstalt, die dem internationalen Standard entsprach.

Die Besonderheit Hohenschönhausens bestand lediglich darin, dass die UHA der Zentrale des MfS im Vergleich mit Institutionen anderer Staaten eine außerordentlich geringe Kapazität besaß. Das entsprach dem niedrigen Anteil der vom MfS aufzuklärenden Straftaten im Vergleich zur Gesamtkriminalität in der DDR (es waren um die fünf Prozent).

Wie auch in anderen Strafanstalten üblich, gehörten zur Untersuchungshaftanstalt Werkstätten und Produktionseinrichtungen. Die Arbeitskommandos bestanden nicht aus Untersuchungshäftlingen, sondern aus dem Strafvollzug des Ministeriums des Innern unterstehenden Strafgefangenen anderer Haftanstalten.

Nach 1990 schien es Politikern und Publizisten, Historikern und »Opfern« angezeigt, Haftanstalten in der DDR in »Orte des Grauens« zu verwandeln.

Haftanstalten mit »doppelter Vergangenheit« – Bautzen, Torgau, Münchner Platz in Dresden – und MfS-Einrichtungen schienen dafür besonders geeignet.[16]

Unmittelbar vor der »Wende« gab es erste Bestrebungen, auch durch den Kurt-Schumacher-Kreis, ein Denkmal in Hohenschönhausen und ein Informations- und Dokumentationszentrum zu errichten. Diese Aktivitäten erklärten sich daraus, dass dort einst Mittäter aus dem »Ostbüro der SPD« inhaftiert waren. Sie erklärten sich nun zu »Opfern des Stalinismus«. Darauf wird später zurückzukommen sein.

Der Stein war 1990 ins Rollen gekommen. Gedenkstättenfragen, auch Hohenschönhausen, standen mehrfach auf der Tagesordnung des Bundestages wie auch in den Beratungen der beiden Enquete-Kommissionen, die der Pfarrer, Dissident, Abgeordnete und Ex-Verteidigungsminister Rainer Eppelmann leitete.[17]

Der Historiker Lutz Prieß resümierte: »Es ist festzuhalten, dass zwischen 1990 und 1997 die Fragen zur Errichtung einer Gedenkstätte in Berlin-Hohenschönhausen auf mindestens vier Ebenen behandelt wurden:

1. in den Opferverbänden ehemaliger Häftlinge,

2. im Bezirk Berlin-Hohenschönhausen, hier vor allem im Bezirksamt und in der BVV, im Kulturausschuss.

3. in der Senatsverwaltung von Berlin, hier die Senatsverwaltung für Justiz bzw. Kultur sowie das Abgeordnetenhaus, Kulturausschuss,

4. auf der Ebene des Bundes, hier Ministerien des Innern bzw. der Finanzen und die Enquete-Kommissionen.[18]

Schließlich gab der Bundestag dem Abschlussbericht der Eppelmann-Kommission 1995 seinen Segen und grünes Licht für Hohenschönhausen: »Zu einer Stätte des Gedenkens an die Opfer politischer Verfolgung von 1945 bis 1989, die von zentraler Bedeutung ist, sollte die frühere Zentrale Untersuchungshaftanstalt der sowjetischen und der DDR-Geheimpolizei in Berlin-Hohenschönhausen genutzt werden.«[19]

Die Umwandlung der U-Haftanstalt Hohenschönhausen in eine Gedenkstätte erfolgte seit 1991 in Etappen. Im April 1993 wurde beschlossen, durch das Bezirksamt eine Konzeption erarbeiten zu lassen, die dem Senat vorzulegen war.

1994 begann die Arbeit an einem Konzept, an dem als Fachexperten Dr. Siegfried Suckut, Dr. Stefan Wolle und Prof. Dr. Winkler mitwirkten. Der Abschlussbericht der Fachkommission, die die »Konzeption für die Errichtung einer Gedenkstätte auf dem Gelände der ehemaligen

Haftanstalt Hohenschönhausen« erarbeitet hatte, wurde am 17. Mai 1995 auf dem Gelände der ehemaligen Haftanstalt vorgetragen. Folgen wir weiter dem Bericht von Lutz Prieß:

»Zwischenzeitlich erhielt die ABS Brücke GmbH vom Bezirksamt Berlin-Hohenschönhausen auftragsweise die Verwaltung der ehemaligen UHA übertragen und organisierte fortan reguläre Führungen für Besucher und Interessenten. Bis Ende 1995 registrierte die ABS Brücke rund 10.000 Besucher.

Am 1. Dezember 1995 erfolgte die offizielle Gründung der ›Gedenkstätte Berlin-Hohenschönhausen‹ als Einrichtung von Bund und Land. Als Leiterin der Gedenkstätte wurde die Historikerin Dr. Gabriele Camphausen eingeführt. Ein neuer Arbeitsausschuss erarbeitete einen Vorschlag für ein Nutzungs- und Gestaltungskonzept für die Gedenkstätte Berlin-Hohenschönhausen. Das Konzept stand am 4. September 1996 zur öffentlichen Diskussion.

Im März 1996 nahm in der Gedenkstätte Berlin-Hohenschönhausen ein ›Zeitzeugen-Büro‹ seine Tätigkeit auf. Diese Einrichtung sammelt persönliche Haftschicksale, um sie der Forschung und der Öffentlichkeit zur Verfügung zu stellen.«[20]

Als »Zeitzeugen« gelten hier wie auch anderswo zeitgeistgemäß *ausschließlich* sogenannte Opfer, selbst wenn sie als kriminelle Verbrecher gegen geltendes Recht der DDR oder Völkerrecht verstoßen hatten. An der Sicht der anderen Seite – etwa Vernehmer und andere Mitarbeiter des MfS, die ja auch Zeitzeugen sind und zur Wahrheitsfindung einen sachkundigen und wesentlichen Beitrag leisten könnten – besteht allerdings kein Interesse, weil damit der Anspruch auf alleinige Deutungshoheit aufgegeben werden müsste.

Hier sind mindestens zwei Anmerkungen zwingend nötig:

Erstens würden unvoreingenommene Richter immer beide Seiten – Opfer und Täter, Ankläger und Angeklagte – hören müssen, wenn sie »unabhängig« Recht sprechen wollen. Und sie wissen um die Unschärfe und Fragwürdigkeit mancher Aussage, ja sogar manchen Geständnisses.[21]

Ein guter Richter wird also jede Aussage mehrfach genau überprüfen (und kann trotzdem noch irren). Trifft das nicht auch für Historiker zu?

Zweitens ist zu bedenken:

Durch den Einigungsvertrag wurden über Nacht »Opfer« geschaffen, indem Personen, die schwere Straftaten gegen die DDR begangen hatten, als unschuldig eine umgekehrte Qualität zuerkannt erhielten. Siebenstellige finanzielle und andere staatliche Unterstützungen beseitigten anfänglich noch vorhandene Gewissensbisse ehemaliger Straftäter, hatten aber auch wesentlichen Anteil an erfundenen Gruselgeschichten.

Warum mutiert Spionage gegen die DDR nachträglich zur prämienträchtigen Heldentat, aber Spionage gegen die BRD noch nach 1990 zur verurteilenswerten Straftat? Waren nicht beide deutsche Staaten souverän und gleichberechtigt, hatten ihre spezifischen Gesetze? Gilt nicht das völker- und verfassungsrechtliche Rückwirkungsverbot?

Wo kämen wir hin in unserem Land,
wenn eine kommunistische Vergangenheit zu einem unaus-
löschlichen und unaufhebbaren Stigma führen würde?

Egon Bahr[22]

PDS-Politiker in der selbst gestellten »Stalinismus«-Falle

Wenn die Untersuchungshaftanstalt Hohenschönhausen von bestimmten Leuten als »deutsche Lubjanka« etikettiert wird, soll automatisch eine Assoziation mit dem »Stalinismus« erfolgen, womit die negativen und verbrecherischen Aspekte Stalinscher Maßnahmen gemeint sind.[23]

Der Begriff »Lubjanka«, den Hubertus Knabe und Peter Erler verwenden, ist darauf angelegt, eine vermeintliche Kontinuität vom sowjetischen Geheimdienst unter Stalin – NKWD/KGB[24] – in der Moskauer Lubjanka mit der Untersuchungshaftanstalt in Hohenschönhausen zu assoziieren. Damit waren Begriffe wie »Unrechtsstaat«, »Verbrechen« und »Opfer der SED-Diktatur« von vornherein begründet.

Außerdem wurde unterschwellig die Totalitarismus-Doktrin bedient, die die »Deutungshoheit« der Erinnerungskultur bestimmt, die mit der Formel »rot = braun« die faschistischen Verbrechen bagatellisiert und die DDR-Justiz verteufelt.

Diese Absicht und Tendenz arbeitet objektiv den Alt- und Neonazis in die Hände und richtet sich gegen den Antifaschismus. Es gab nach 1945 keinen »antitotalitären« und keinen »antistalinistischen« Grundkonsens, weil die Sowjetunion Teil der Antihitlerkoalition war und die Kommunisten, ob in Frankreich, der Tschechoslowakei, Italien, Griechenland oder anderswo, ein entscheidender Faktor im Kampf um die Befreiung ihrer Länder von der faschistischen Okkupation waren. Die Diskussion um den »Stalinismus« musste zwangsläufig auch den Streit um die Gedenkstätten für die »Opfer des Stalinismus« einschließen, der mit der Errichtung entsprechender Mahnmale oder der Entstehung neuer Erinnerungsstätten für die »Opfer des SED-Unrechtes« begann.[25]

Dieser Streit ist ein deutschlandweites Thema und hat auch den Bundestag, den sächsischen Landtag, den Berliner Senat und 32 Opferverbände unterschiedlicher Grundierung erfasst.

Prof. Bernd Faulenbach hat diesen Streit und seine wesentlichen Aspekte nachgezeichnet.[26]

Gegenstand des Streites sind Mahnmale und Gedenkorte im Osten Deutschlands, die unter dem Begriff »Topographie des Terrors der SED-Diktatur« subsumiert werden. Einen besonderen Platz nimmt hierbei der Standort Berlin-Hohenschönhausen ein.

Die PDS war überall direkt oder indirekt in den Streit einbezogen. Hier nun der Versuch, ihre Stellung zur Gedenkstätte Hohenschönhausen zu rekonstruieren.[27]

Bei der Haftanstalt Hohenschönhausen musste – ähnlich wie bei Bautzen II – zusätzlich zur allgemeinen Diskussion über den »Stalinismus« und die Gulags die Haltung zum MfS eine Rolle spielen, dem Schutz- und Sicherheitsorgan der DDR. Sollte die »SED-Nachfolgepartei«, wie bestimmte Kräfte diffamierend die PDS etikettierten, sich diesem Erbe stellen oder sich von ihm lossagen in der Erwartung, damit auch den Makel loszuwerden, »stalinistische« Wurzeln zu haben?

Waren Inhaftierte und Verurteilte in Hohenschönhausen und anderswo nach Recht und Gesetz der DDR – in Übereinstimmung mit dem Völkerrecht – inhaftiert worden, oder müssen sie als unschuldig, also als Opfer betrachtet werden?

Anfang der 90er Jahre überwog an der Basis der PDS das Urteil, dass für Konterrevolutionäre, Agenten und

Saboteure der Begriff »Opfer kommunistischer Gewaltherrschaft« nicht akzeptiert werden könne.[28]

Natürlich spielte bei vielen PDS-Mitgliedern auch der Gesichtspunkt eine Rolle, dass mit Entstehung und Gestaltung der Gedenkstätte Hohenschönhausen nicht nur eine moralische und politische Verurteilung der MfS-Mitarbeiter verbunden sein würde, sondern auch die berufliche und soziale Ausgrenzung sowie justizielle Verfolgung begünstigt werden. (Dass MfS-Mitarbeiter auch Wähler sind, dürfte auch nicht zu bestreiten sein.)

Folgen wir nun dem Lauf der Ereignisse in Kurzfassung:

Bereits auf dem Außerordentlichen Parteitag der SED-PDS im Dezember 1989 – die DDR trieb in den Strudel des Unterganges – hielten es die Delegierten[29] für richtig und nötig, die SED-PDS »zur Rehabilitierung aller, die Opfer stalinistischer Verfolgung geworden sind, sei es in der UdSSR oder in unserem Lande«, zu verpflichten. Außerdem wollte sich die Partei dafür einsetzen, »dass den Opfern stalinistischer Verfolgung ein bleibendes Gedenken in unserer Gesellschaft bewahrt wird«. Sie griff den bereits von anderen unterbreiteten Vorschlag auf, ein »würdiges Mahnmal« zu schaffen.[30]

Diese Festlegung entsprach einem Vorschlag des »Kurt-Schumacher-Kreises«, der sich im August 1988 in einem Brief an Erich Honecker und am 1. November 1989 mit einem »Aufruf zur Vergangenheitsbewältigung, zur Rehabilitierung der Opfer stalinistischer Verfolgungsmaßnahmen und zur historischen Wahrheit in der DDR« an die Öffentlichkeit gewandt hatte.[31]

Dass auch hier das Wirken des »Ostbüros der SPD« berührt wurde, dessen DDR-feindliche geheimdienstliche Tätigkeit rehabilitiert werden sollte, lag auf der Hand.[32]

Als die maßgeblich an der Auflösung des MfS beteiligte evangelische Kirchenleitung von Berlin-Brandenburg am 12. Januar 1990 dafür plädierte, eine Gedenkstätte für alle Inhaftierten in Hohenschönhausen mit einem Mahnmal und einem Dokumentationszentrum einzurichten, sah sich die PDS zum Handeln veranlasst.[33]

Historiker aus dem Institut für Marxismus-Leninismus, einer Arbeitsgruppe »Opfer des Stalinismus« und verschiedene Autoren äußerten sich zum Thema, aber die Partei selbst spielte bei der Diskussion eine eher marginale Rolle: »Bis 1997 gab es auch keine wahrnehmbare innerparteiliche Diskussion zu diesem Thema«[34], meinte Lutze Prieß. Die Aussage ist nicht ganz korrekt.

Seit Anfang der 90er Jahre gab es heftige Auseinandersetzungen an der Basis, die jedoch in der Führung weitgehend ignoriert wurden. Erst 1996/97, als im Bundestag die Einrichtung der Gedenkstätte Hohenschönhausen im Rahmen des Gedenkstättengesetzes beschlossen worden war und die ersten Schritte in Behörden des Landes Berlin eingeleitet wurden, flammte die Diskussion in der PDS auf allen Ebenen auf.

Die PDS-Fraktion der Bezirksverordnetenversammlung Berlin-Hohenschönhausen brachte am 11. April 1997 den Antrag ein:

»Der Vorsteher der BVV wird künftig am 24. Oktober jeden Jahres auf dem Städtischen Friedhof in der Gärtnerstraße der Menschen gedenken, die im Speziallager Nr. 3 des Volkskommissariats für Innere Angelegenheiten (NKWD) der UdSSR ums Leben gekommen sind. Der Vorsteher der BVV wird gebeten, an das Bezirksamt die Bitte heranzutragen, dieses Gedenken gemeinsam mit der BVV durchzuführen.« Es fand nicht nur das Totengedenken statt, auch die »würdevolle« Gestaltung einer abgetrennten Fläche auf dem Friedhof als ein »Ort des Nachdenkens« für die Opfer des Speziallagers und der späteren MfS-Untersuchungshaftanstalt wurde im Kulturausschuss am 19. Februar 1998 mit Zustimmung der PDS-Vertreter befürwortet.[35]

44

Bis zur Gegenwart ist trotz Forderungen in Bevölkerungsaussprachen nicht geklärt, ob es sich bei den dort Bestatteten um Tote aus dem Zwangsarbeiterlager, den letzten Kampfhandlungen in Hohenschönhausen, des sowjetischen Internierungslagers oder des NKWD-Untersuchungsgefängnisses handelt.

Durch das MfS verlor nachweislich *kein* Untersuchungshäftling sein Leben, und Selbstmörder wurden gemäß den Bestattungsordnungen der DDR an den von ihren Angehörigen gewählten Orten beerdigt. Mithin ist also ausgeschlossen, dass auf diesem Friedhof die Gebeine auch nur eines ehemaligen MfS-Untersuchungshäftlings beigesetzt sind.

Lüge und Wahrheit wurden, wie es der Zeitgeist bestimmte, unverfroren, für Außenstehende nicht erkennbar, vermengt. Ohne Prüfung, geschweige denn gerichtsmedizinische Untersuchung, wurden die gefundenen sterblichen Überreste als *Opfer des Kommunismus* deklariert.

Die Auseinandersetzungen in der PDS um die Stellung zur Gedenkstätte Hohenschönhausen gestalteten sich »fast zur Zerreißprobe«[36] und sind wohl nur als Teil des Streites um die »Entschuldigungen« der PDS-Führung zu erklären.

Viele Mitglieder der PDS sahen in der Gedenkstätte den Versuch zur »Verdammung und Verketzerung der DDR, der SED und des MfS«, eine »Propagandaeinrichtung, in der die Feindbilder und Stereotypen des Kalten Krieges lebendig erhalten und politisch instrumentalisierend eingesetzt werden«.[37]

Für die PDS lautete die Gretchenfrage: Unterwirft sie sich (auch) in der Gedenkstättenpolitik dem Verdikt von der »totalitären« DDR, um »anzukommen«, oder bekannte sie sich zur DDR und deren Sicherheits- und Verteidigungspolitik, die den Interessen des Friedens und des gesellschaftlichen Fortschritts diente?

Im April 2005 geriet der Berliner PDS-Senator Thomas Flierl in den Sog der Auseinandersetzungen um die Gedenkstättenkultur. Es sollte eine Gedenkstätte für die Haftstätte Prenzlauer Allee in Pankow entstehen. Es handelte sich um einen Gebäudekomplex, den nach 1945 sowjetische Truppen genutzt hatten und der 1950 dem MfS übergeben worden war.

Mit einer Erklärung protestierten Vertreter der Gesellschaft zur rechtlichen und humanitären Unterstützung (GRH) am 7. April 2005 gegen diese Absicht und drückten ihr Erstaunen darüber aus, dass sich auch die PDS vor den Karren Ewiggestriger spannen ließ.[38]

Der Streit um die Gedenkstätte in Berliner »Stasi-Liegenschaften« fand auch überregional Beachtung.

Die Schärfe der Auseinandersetzungen spiegelte sich Anfang 2005 im *Neuen Deutschland* wider. Christina Matte bekam am 19./20. Februar 2005 eine ganze Beilagenseite, um unter der Überschrift »Vis à vis« zu begründen, warum die Lichtenauer Straße »eine der unwirtlichsten Straßen Deutschlands« sei: natürlich weil sie an das ehemalige Untersuchungsgefängnis des MfS stößt. Das Foto zeigte eine Gefängniszelle mit dem Text »Schlimmer als Prügel ist so eine Zelle«.

Das *ND* erhielt daraufhin mindestens 50 Protestbriefe, von denen 15 gedruckt wurden. Der Tenor: Die Zeitung habe »vor dem 60. Jahrestag der Befreiung einen beachtlichen Beitrag zur Geschichtsfälschung geleistet«, sie sei »Sprachrohr für Geschichtsfälscher und Volksverhetzung« geworden.[39]

Die Redaktion schien von der heftigen Reaktion auf Mattes Artikel erschreckt worden zu sein, denn am 28. Februar 2005 brachte das Blatt eine Erklärung des stellvertretenden Chefredakteurs Wolfgang Hübner, die den Titel »Dringende Fragen zu drängenden Briefen« trug und »über den Umgang mit DDR-Vergangenheit« belehren sollte. Er tadelte eine Reihe Leserbriefschreiber, darunter Dieter Skiba, Reinhard Grimmer und Wolfgang Schmidt, und nahm das »Stasi-Opfer« Wolfgang Rüddenklau in Schutz. Es darf festgestellt werden: Die Leser des *ND* dürften reif genug sein, um selbst zu prüfen, was sie als Geschichtsklitterung oder erlebte Erfahrung betrachten. Leserbriefe spiegeln bekanntlich nicht (immer) die Haltung der Redaktion wider. Vor allem nicht die vielen unveröffentlichten.

Die Frage »Wie stehst du zur DDR und zum MfS?« ist bis zum heutigen in der Partei nicht eindeutig beantwortet. Und nachdem durch die Vereinigung mit der WASG viele Westdeutsche in die neue Partei »Die Linke« kamen, von denen nicht wenige – bei aller linken Gesinnung – zutiefst westdeutsch geprägt sind, ohne Geschichtskenntnisse und gelebte Erfahrung in der DDR, scheint dies noch schwerer geworden zu sein. Für sie und die Jungen in der Partei ist es schwer zu begreifen und zu akzeptieren, dass diese DDR trotz all ihrer Fehler und Unzulänglichkeiten einen gesellschaftlichen Fortschritt darstellte, der Lichtjahre von der heutigen Gegenwart entfernt war. Wer sich heute als Linker, als Sozialist oder Kommunist begreift, kann gar nicht anders als sich auf diese DDR positiv zu beziehen. Er muss sie darum auch entschieden gegen alle Schmähungen und Denunziationen, gegen Verleumdungen und ahistorische Darstellungen verteidigen.

Die Menschen wollen Aufklärung, nicht Abrechnung.
Die Wahrheit soll ans Licht,
damit Aussöhnung und Frieden möglich werden.
Das geht nur durch Differenzierung. Pauschalurteile
führen nicht zur Einsicht, sondern zu Verstockung.[40]

Richard von Weizsäcker

Hohenschönhausen – die »deutsche Lubjanka«?

Den Begriff »deutsche Lubjanka« führte der Leiter der Gedenkstätte Hohenschönhausen im *DeutschlandArchiv* 1/2002 ein und gab damit die Sprachregelung vor. Schon die Wahl des Begriffes drückte einem Vorgang einen politischen Stempel auf, ehe eine historische Untersuchung beginnt: Die Assoziation zu Ereignissen in Moskau ist gewollt, der Totalitarismus-Doktrin wird Genüge getan, der »Diktaturenvergleich« wird zur moralisch-politischen Verurteilung.

Die Methode ähnelt der Behauptung des NPD-Landtagsabgeordneten Jürgen W. Gansel im Sächsischen Landtag am 21. Januar 2005, der die Bombardierung Dresdens als »Bomben-Holocaust« qualifizierte. Der westdeutsche Gansel, einst Mitglied der Jungen Union, folgte mit seiner Entgleisung nur dem deutschen Außenminister. Joseph Fischer hatte 1999 einen Auschwitz-Vergleich zur Rechtfertigung der NATO-Aggression gegen Jugoslawien gebracht. Auch Jürgen Fuchs bediente sich eines solchen Bezuges zum Dritten Reich, als er die von der Birthler-Behörde okkupierten Akten als »Auschwitz der Seelen« titulierte.

Wer Hohenschönhausen isoliert und aus dem politischen und historischen Kontext löst, begeht eine grobe Fälschung. Als die Alliierten 1945 Deutschland als Sieger besetzten, lag ein opferreicher, von den Faschisten im Auftrag des deutschen Großkapitals angezettelter und geführter Weltkrieg hinter ihnen. Ihr erklärtes Ziel war, und das entsprach dem Willen der leidgeprüften Völker, Bedingungen zu schaffen, die es ausschlossen, dass von deutschem Boden erneut eine Bedrohung ausgehen könnte. Diesem Ziel waren Internierungen, Strafverfahren, Untersuchungshandlungen, Prozesse und Verurteilungen wegen begangener Verbrechen sowie Maßnahmen der Entnazifizierung und deren Folgen untergeordnet.

Wenn Jahrzehnte nach der Befreiung Deutschlands von Faschismus und Krieg, was zugleich auch bedingungslose Kapitulation bedeutete, über die alliierten Internierungslager gesprochen und geschrieben wird, kann das nur in einem Vergleich geschehen, der noch viele Fragen offen lässt. Das ist auch die begrüßenswerte Methode, die der westdeutsche Historiker Lutz Niethammer praktiziert.[41]

Zu den Erkenntnissen Niethammers gehört, »dass Informationen über die alliierten Internierungslager nur insofern im Nachkriegsdeutschland Aufmerksamkeit erregten, als sie in das Wahrnehmungsmuster des Kalten Krieges eingefügt werden konnten.«[42] Das bedeutete für Publizisten in der BRD, dass sowjetische Lager höchste Aufmerksamkeit fanden, USA-Lager wie Dachau jedoch kaum, und unter Schwierigkeiten erst in jüngster Zeit.[43]

Diese politische Sicht, die den historischen und juristischen Hintergrund für die Existenz der Lager vernebelt, wurde zugleich ein wichtiger Baustein für die unwissenschaftliche Totalitarismus-Doktrin.[44]

Den 450.000 in sowjetischer Kriegsgefangenschaft an Hunger und Auszehrung, Kälte und Krankheiten verstorbenen Deutschen könnten bei »Aufrechnung« auch die in deutscher Kriegsgefangenschaft oder in Folge des sogenannten »Kommissarbefehls« massenhaft selektierten und exekutierten oder in den Kriegsgefangenenlagern verhungerten Menschen aus der UdSSR entgegengehalten werden. Die »Bilanz« der faschistischen Verbrechen müsste ergänzt werden um die in Konzentrationslager und Arbeitslager Verschleppten. Dass Totalitarismus-Experten auf diesem Gebiet forschten, ist nicht bekannt.

Kehren wir nach diesem Exkurs in das Nachkriegs-
recht nach Hohenschönhausen zurück.

Von 1947 bis 1950 war das Gebäude in Hohenschönhausen, um das sich inzwischen viele Legenden ranken,
zentrales Untersuchungsgefängnis des sowjetischen Ge-
heimdienstes in Deutschland, nachdem es zuvor Speziallager 3 gewesen war. Über dieses Untersuchungsgefängnis
gibt es inzwischen Berichte, die eine unterschiedliche
Sichtweise und Zielstellung offenbaren.

Peter Erler übernahm 2004 den Begriff »deutsche
Lubjanka« in Hohenschönhausen.[45] Er hatte schon 1998
eine Expertise zum Thema »Das Speziallager 3 in Hohenschönhausen Mai 1945 bis Oktober 1946« geliefert, die
bereits genannt worden ist.[46] In beiden Arbeiten beschreibt Erler die Bedingungen in den Haftanstalten.

Im Hinblick auf die Toten geht Erler von »vermutlich
überhöhte(n) Schätzungen« von 3.000 bis 3.100 aus, von
denen lediglich 14 namentlich bekannt sind. Zwei Drittel aller Sterbefälle seien Folge von Mangel- und infek-
tiösen Magen-Darmerkrankungen gewesen, das weitere
Drittel sei an Wundrose, Diphtherie und Blutvergiftung
gestorben. Das ist tragisch, aber damals ungewöhnlich?

In der Expertise über die »Lubjanka« äußert sich Erler
über:
»Entstehung und Wachpersonal«
»Die Gefängnisinsassen«
»Verhöre«
»Foltermethoden«
»Nach der Folter«
Im Abschnitt »Die Gefängnisinsassen« teilt Erler mit:
»Der sowjetische Geheimdienst überführte in sein
Zentralgefängnis in der SBZ vorwiegend Frauen und
Männer, die beschuldigt wurden, ›konterrevolutionäre
Verbrechen‹ wie zum Beispiel Spionage, illegale Grup-
penbildung und antisowjetische Propaganda, begangen
zu haben. Davon betroffen waren Mitarbeiter, Kuriere

und Informanten der Kampfgruppe gegen die Unmenschlichkeit (KgU) und des Ostbüros der SPD, vermutete und wirkliche Agenten westlicher Geheimdienste, Angehörige studentischer Oppositionskreise sowie Liberaldemokraten und Mitglieder der CDU.

Unter dem Vorwurf des ›Trotzkismus‹, ›Titoismus‹ und ›Sozialdemokratismus‹ wurden im ›U-Boot‹ auch Mitglieder der SED, der KPD und linker Splittergruppen eingekerkert. Eine Reihe der MGB-›Gäste‹ waren Entführungsopfer aus West-Berlin und Westdeutschland. Wenn SED- oder KPD-Mitglieder inhaftiert waren, so jedenfalls nicht wegen ihrer Parteimitgliedschaft oder Gesinnung.

Eine Gefangenenkategorie in Hohenschönhausen, die in keinem direkten Bezug zur gesellschaftlichen Umgestaltung (›Sowjetisierung‹) in der SBZ/DDR stand, bildeten die ›Nazi- und Kriegsverbrecher‹.

Weiterhin durchliefen die ›Deutsche Lubjanka‹ eine große Zahl von Angehörigen der sowjetischen Besatzungsmacht, ehemalige Soldaten der ›Wlassow-Armee‹ und Emigranten, die nach der Oktoberrevolution von 1917 Russland verlassen und in Berlin eine zweite Heimat gefunden hatten.«[47]

(Nur zur Erklärung: Das hier als MGB- und anderenorts als NKWD-Gefängnis bezeichnete Objekt ist stets das gleiche. NKWD war die Abkürzung für *Narodny kommissariat wnutrennich del,* das Volkskommissariat für innere Angelenheiten. 1946 wurde aus diesem Volkskommissariat ein Ministerium, das MWD, das dem NKWD bis dahin unterstellte *Volkskommissariat für Staatssicherhei*t [NKGB] nunmehr ein eigenes Ministerium für Staatssicherheit [Ministerstwo gossudarstwennoj besopasnosti] eben MGB. Daraus wurde 1954 das KGB.)

Als eine verschärfte Form der Steh- und Kältefolter sei in Hohenschönhausen auch die Wasserfolter praktiziert worden. Dieter Rieke habe diese Tortur im März/April 1949 erdulden müssen. Nach einem ergebnislos verlaufenen Verhör sei er in eine Zelle im Mittelgang des Kellers gedrängt worden. Dann hätten ihn zwei Kalfaktoren mehrmals mit kaltem Wasser übergossen. Der Fußboden wäre nun etwa handbreit hoch mit einer Wasserlache bedeckt gewesen, die durch die erhöhte Türschwelle nicht abfließen konnte. Die schmale, ebenfalls nasse Betonpritsche hätte auch in diesem Fall nicht zum Sitzen genutzt werden können. Ein Hocken wäre lediglich auf der Kante des Sockels möglich gewesen. Er habe diese Sonderbehandlung mit nasser Kleidung und frierend mehrere Tage lang ertragen müssen.[48]

Soweit der Bericht Riekes.

Zunächst: Der Begriff »Sonderbehandlung«, der hier für eine behauptete (bewiesene?) »Wasserfolter« benutzt wird, war bei den Nazis das Synonym für die physische Vernichtung. Riekes Wortwahl soll dem Leser entsprechende Assoziationen suggerieren.

Bis zum Ende der DDR analysierten Experten in der BRD, vor allem in Salzgitter, ob und wie in Haftanstalten der DDR gesetzwidrige Handlungen vorgenommen wurden. Bis 1990 war von solchen »Sonderbehandlungen« keine Rede. Erst mit Kinkels Aufforderung an die Richter, die DDR »delegitimieren« zu helfen, erlebten die Opferberichte einen hoch taxierten Marktwert.

MfS-General Gerhard Niebling nahm im August 1999 auf den »Salzgitter-Report« Bezug. Der MfS-General war wegen Körperverletzung und Nötigung zu einer Aussage (ein U-Häftling im Jahre 1953 hatte diese Anschuldigung erhoben) angeklagt worden und bezog sich in seiner Erklärung auf die von Sauer und Plumeyer, beides Juristen der Zentralstelle Salzgitter, verfasste Studie. Darin wird von angeblich ca. 625 Körperverletzungen und ca. 2.000 Misshandlungen in Strafvollzugseinrichtungen der DDR berichtet. Als betroffene Anstalten

werden – nicht selektiv – ausschließlich Strafvollzugseinrichtungen des Ministeriums des Innern (MdI) und der
Volkspolizei (VP) genannt, in denen so etwas passiert sein
soll.

Nicht eine einzige Untersuchungshaftanstalt des MfS
– auch nicht die »Zentrale des Terrors« Hohenschönhausen – wird in diesem Rapport genannt.

In den Berichten Peter Erlers über Hohenschönhausen finden sich auch Verweise auf Selbstmorde. »Um sich
den Qualen zu entziehen, versuchten Häftlinge mitunter,
sich das Leben zu nehmen. So haben sie sich beispielsweise in den mit etwas Wasser gefüllten Toilettenkübel
gestellt und einen Finger in die Lampenfassung gesteckt.«
Oskar Hippe habe versucht, sich am Lampengitter zu
erhängen.[49] Das sei in der Zeit geschehen, als Hohenschönhausen sowjetisches Speziallager Nr. 3 gewesen war.

»Neben den vielen Berichten über Folter und Torturen werden auch Fälle geschildert, wo die Betroffenen –
insbesondere Sozialdemokraten – während ihrer monate-
langen U-Haft in Berlin-Hohenschönhausen keinerlei
Misshandlungen ausgesetzt waren.«[50]

Es mag für manche heute unangenehm sein, daran
erinnert zu werden, dass es für das Vorgehen der Sieger-
mächte gegen Kriegsverbrecher und Nazis Rechtsgrundlagen gab, auf die Karl Wilhelm Fricke und andere Autoren auch in ihren Arbeiten hinwiesen.[51]

Zu diesen Rechtsgrundlagen gehört das Potsdamer
Abkommen, welches festlegte, dass Kriegsverbrecher,
Nazifunktionäre und alle anderen Personen »zu verhaften
und zu internieren« seien, »die für die Besetzung und ihre
Ziele gefährlich sind.«[52] Ohne Zweifel war das eine sehr
dehnbare Formulierung, doch aus ihr folgte, dass es Internierungslager geben würde.

Ein treffliches Beispiel für die Entlassung von Entlas-
teten aus sowjetischer Internierung oder Untersuchungshaft ist der Fall von Karl-Heinz Gerstner. In seinen Erin-

nerungen »Sachlich, kritisch, optimistisch« (edition ost, Berlin, 1999) beschreibt er auch seine Haftzeit in Hohenschönhausen, ehe er nach Überprüfung und Bestätigung seiner Zusammenarbeit mit französischen Widerstandskämpfern als unschuldig entlassen wurde.

Seine Darlegungen als Zeitzeuge dazu (S. 226f.) sind besonders aufschlussreich. So berichtet er: »Ich habe in meiner Haftzeit 23 Vernehmungen durchmachen müssen. Angenehm war das nicht, von Folter war aber keine Rede. In all meinen Vernehmungen waren die beteiligten sowjetischen Offiziere nicht einmal laut geworden. Manchmal wurde mir Tee angeboten. Ich hatte auch von keinem der vielen Häftlinge, mit denen ich in jenen Monaten gesprochen habe, etwas von Folter gehört [...]. Nach der Wende hat man Massengräber neben dem Lager Hohenschönhausen gefunden. Das waren zweifellos diese gestorbenen Häftlinge. Schreckliche Kriegsfolgen. Unwahr ist aber, was behauptet wurde, dass diese Häftlinge von den ›Sowjets gefoltert und exekutiert‹ worden sind. Sie ertrugen die Untersuchungshaft nicht, in der sie meist wegen schwerer Schuld einsaßen. Denn das darf nicht vergessen werden und nicht unausgesprochen bleiben, dass in Hohenschönhausen aktive Nazis saßen, die – alles in allem – 60 Millionen Tote des Zweiten Weltkrieges auf dem Gewissen hatten.«

Lager wie das in Hohenschönhausen entstanden in Ost und West, aber dass diese Lager, soweit sie den sowjetischen Organen unterstanden, heute häufig Konzentrationslager genannt werden, beweist ihre Instrumentalisierung.

Einzelheiten des Vorgehens aller vier Besatzungsmächte legten das Kontrollratsgesetz Nr. 10 und die Direktive Nr. 38 fest, gegen die – nach Fricke – Einwendungen sachlich nicht begründet sind. »Ihre Zielsetzungen konnten und mussten vernünftigerweise bejaht werden.«[53]

Das geschah beispielsweise bei den Prozessen der US-Militärjustiz in Dachau.

Die langjährige Herausgeberin der *Zeit*, Marion Gräfin Dönhoff, resümierte: »In diesen Verfahren wurden 24 Todesurteile verhängt, von denen 13 im Gefängnis von Landsberg vollstreckt worden sind. In Landsberg wurden zwischen 1945 und 1951 insgesamt 255 Personen […] durch den Strang hingerichtet.«[54]

Wenn unsereins den Verdacht äußert, dass die »staatlich verordnete« und von vielen Medien unterstützte Erinnerung an die deutschen Opfer – alliierte Bomben, Maßnahmen zur Umsiedlung oder Gräuel bei Kriegsende – aktuelle politische Funktionen erfüllt, mindestens die der »Aufrechnung« und der Relativierung der Naziverbrechen, wird er zur Ordnung gerufen.

Deshalb bediene ich mich der Urteile des früheren Bundespräsidenten Roman Herzog und des stellvertretenden Vorsitzenden des Zentralrates der Juden, Salomon Korn.

Roman Herzog erklärte am 13. Februar 1995 in der Dresdner Kathedrale: »Leben kann man nicht gegen Leben aufrechnen, Schmerz nicht gegen Schmerz, Todesangst nicht gegen Todesangst, Vertreibung nicht gegen Vertreibung, Grauen nicht gegen Grauen, Entwürdigung nicht gegen Entwürdigung. Menschliches Leid kann nicht saldiert werden. Es muß gemeinsam überwunden werden, durch Mitleid, Besinnung und Lernen.

Diese Mahnung richte ich an die Historiker und die historischen Laien, die sich noch heute um die Zahl der Opfer auf allen Seiten, vor allem aber um die Opfer des Zweiten Weltkrieges und der nationalsozialistischen Gewaltherrschaft streiten. Man hat diese Rechenbeispiele zu Recht als ›Ziffernsprache des Ungeheuerlichen‹ bezeichnet. Diese Sprache führt nicht einen Schritt weiter, und sie entspricht auch nicht dem Denken der heutigen Deutschen in ihrer ganz großen Mehrheit.«[55]

Gerade diese Art »Ziffernsprache des Ungeheuerlichen« wird hinsichtlich des »DDR-Unrechts« ins Unermessliche pervertiert, wenn ausnahmslos alle Straftäter aus der DDR – ob Kriegsverbrecher, Diversanten, Terroristen, Mörder, Brandstifter, Kinderschänder, Agenten und Spione und sonstige Kriminelle – pauschal zu »Opfern« erklärt werden.

Inzwischen kommen auch noch die vormals »rechtsstaatswidrig« in Jugendwerkhöfe eingewiesenen Jugendlichen dazu.

Salomon Korn hat die »terminologische Einordnung der nationalsozialistischen Gewaltherrschaft auf die Ebene nationaler kommunistischer SED-Diktatur« verurteilt und die Mitarbeit in der »Stiftung Sächsische Gedenkstätten« eingestellt – aus Protest gegen diese Art Gleichsetzung der DDR mit dem verbrecherischen Nazi-Regime und der damit einhergehenden Verharmlosung der von den Faschisten begangenen Verbrechen, insbesondere des im Holocaust und anderen Massenmorden gipfelnden Terror-Regimes.[56]

Wo aber ein Aas ist, da sammeln sich die Geier.

Matthäus 24, 28

»Land der Träume«
oder »Stasiland«?

Kann mit dem »Land der Träume« und »Stasiland« das-selbe gemeint sein? Lässt sich Gegensätzlicheres denken? Aber es ist so: Gemeint ist in beiden Fällen die DDR.

»Land der Träume« war ein Beitrag in der Wochen-schrift *Die Zeit*[57] überschrieben, der mit den Sätzen begann: »Für viele Ostdeutsche ist die DDR zu einem Land der Träume geworden. Es sind Träume von Sicher-heit und Aufgehobensein, von Freundschaft und Zusam-menhalt.« Für (wie) viele DDR-Bürger waren diese »Träume« Realität?

»Stasiland« lautete der Buchtitel, den die australische Journalistin Anna Funder gewählt hat, um die Eindrücke über die DDR (die sie einmal) und Ostdeutschland (das sie zweimal besuchte) zu beschreiben.[58] Sie gehört damit zu jener Legion von Autoren, die nicht in der DDR ge-wohnt haben, aber genau wissen, wie die Bürger der DDR gelebt, gedacht und gefühlt haben. Honorare und Auszeichnungen fördern solche Arbeiten, die den Unmut und den Widerwillen einstiger DDR-Bürgern verstärken.

Der Artikel und das Buch stehen sogar in einer inne-ren Beziehung. Anna Funder will das »Land der Träume« in ein Land des Grauens verwandeln, obwohl es so nicht existiert hat. Die Frage ist, warum sie das will und wie sie es tut. Wenn Anna Funder beim Thema »Hohenschön-hausen« zitiert werden wird[59], hat es mehrere Gründe.

Erstens enthält ihr Buch ein spezielles Kapitel »Ho-henschönhausen«.

Zweitens bietet ihr Text so ziemlich alle verleumderi-schen Klischees, die von den Gauckianern und Eppelmännern in die Welt gesetzt worden sind und von »willigen« Journalisten verbreitet werden.

Drittens wurde Anna Funder für ihre Erfindungen über den »Moloch Stasi« mehrfach prämiert. »Die Autorin schreibt völlig unprätentiös und trifft fast immer ins Schwarze. Höchst empfehlenswert«, wird ihr Buch den Abgeordneten des Deutschen Bundestages und allen Lesern vorgestellt.[60]

Es dürfte deshalb statthaft sein, Anna Funder als Kronzeugin für jene zu zitieren, deren gut bezahlter und krisensicherer Job die Verteufelung der DDR im Allgemeinen, die Verfälschung der Vorgänge in Hohenschönhausen im Besonderen ist.

Allerdings sollten die Leser auch erfahren, dass Anna Funders »Stasiland« auch Gegenstand eines Gerichtsverfahrens war, über das die *junge Welt* am 21. August 2004 unter dem Titel »Kläffende Hundewelpen« berichtete.

Geklagt hatte die Gesellschaft zum Schutz für Bürgerrecht und Menschenwürde (GBM), über die Anna Funder eine Reihe von Lügen verbreitet hatte. Per einstweiliger Verfügung wurde vom zuständigen Gericht in Hamburg ohne mündliche Verhandlung am 3. August 2004 angeordnet:

Der Antragsgegnerin wird bei Vermeidung eines vom Gericht für jeden Fall der Zuwiderhandlung festzusetzenden Ordnungsgeldes bis zu 250.000,00 Euro, ersatzweise Ordnungshaft bis zu sechs Monaten, letztere zu vollziehen an der Komplementärin, untersagt, wörtlich oder sinngemäß zu behaupten und/oder zu verbreiten:

• der Antragsteller habe Zugang zu den zehn Millionen Mark, die der SED gehört haben und unauffindbar sind;

• Männer (der GBM) würden Leute terrorisieren;

• Belästigung durch unbestellte Hauslieferungen sei beliebt: Ein Mann bekam ein tickendes Paket vor die Haustür gelegt; Ehefrau musste Pornosendungen annehmen, die der Ehemann gar nicht bestellt hatte;

• ein Mann habe einen Lastwagen voller kläffender Hundewelpen zugestellt bekommen, für die der Fahrer eine Unterschrift verlangte;

• Bremskabel in Autos seien durchgeschnitten worden, Unfälle und Todesfälle durch Rückwärtsgang herbeigeführt;

• das Kind eines Schriftstellers sei von einer unbekannten Person von der Schule abgeholt und zu einer Tasse Schokolade eingeladen worden, etwa für eine Stunde.

Die bereits aufgebundenen und/oder ausgelieferten Exemplare des Buches »Stasiland« von Anna Funder sind von der Verbotsverfügung ausgenommen.

Vorgänge wie diese müssen einbezogen werden, wenn die Fälschungen über Hohenschönhausen und deren Funktion enthüllt werden sollen.

Wiederholungen und Querverbindungen zwischen einigen Fragenkomplexen werden dabei unvermeidlich sein.

Beginnen wir mit dem Forschungsauftrag.

Darfst du dem Ochsen, der da drischt,
das Maul verbinden?

5. Buch Mose, 25, 4

»Stasi-Forschung gleicht mehr und mehr einem absurden Theater«

Der Satz stammt von Hubertus Knabe, dem Leiter der Gedenkstätte Hohenschönhausen. Er wurde im Oktober 2004 auf einer Tagung der Evangelischen Akademie für politische Bildung ausgesprochen, als Knabe über die Rosenholz-Dateien referierte. *Das Parlament* nahm ihn als Titel des Berichtes.[61]

Zwar war der Satz in einem bestimmten Kontext gesprochen worden, aber welcher vernünftige Mensch möchte diesem Urteil widersprechen?

Dieses »absurde Theater« ist natürlich nicht nur in Hohenschönhausen zu besichtigen, sondern spielt in (fast) ganz Europa.

Vom 21. bis 23. Oktober 2004 tagte ein internationales Symposium der Stiftung Ettersberg in Zusammenarbeit mit der Stiftung zur Aufarbeitung der DDR-Diktatur im Weimarer Rathaus.

Das Thema hieß: »Der Kommunismus im Museum«. Das »absurde Theater« beschäftigte sich mit der Besichtigung einer politischen Leiche. »Acht Diktatur-Museen« – aus Ungarn, Rumänien, Polen, Tschechien, den drei baltischen Staaten und Deutschland – versuchten, ihre »Erinnerungskulturen« zu vergleichen.[62]

Totalitarismusforscher, die den »Diktaturenvergleich« betreiben, müssten sich natürlich fragen lassen, ob jemals zuvor eine bundesdeutsche Gedenkstätte Gastgeber für eine Veranstaltung war, auf der Erfahrungen bei der »Bewältigung« der faschistischen Vergangenheit zur Debatte standen. Aber »antitotalitärer Konsens« schließt bekanntlich Antifaschismus aus.

Volkhard Knigge, der Direktor der Gedenkstätte Buchenwald, monierte, dass einige Museen »einfach nichts anderes sein wollen als geschichtspolitische Kampfeinrichtungen«, und Klaus-Dietmar Henke, der vormalige Direktor des Hannah-Arendt-Instituts in Dresden, dann Professor an der TU Dresden, zeigte zwar Verständnis für die »Fokussierung auf stalinistische Praktiken und Überwachungsapparate«, kritisierte aber, dass damit die kommunistische Wirklichkeit nicht vollends erfasst werden könne. Er forderte ein »Übergewicht der Wissenschaft« in der Dokumentation.[63]

Wir stellen also zunächst fest: Die »Aufgaben«, die die Gedenkstätte Hohenschönhausen zu erfüllen hat, sind Teil einer (ost-)»europäischen« Aufgabe. Übrigens: Einer Aufgabe, der sich auch jetzt in Ostdeutschland ansässige Totalitarismusforscher unterziehen, nicht jedoch west-deutsche Gedenkstätten.

Warum also gibt es für die »politische Klasse« eine solche Vorliebe für Hohenschönhausen?

Die Homepage der Gedenkstätte gibt die Antwort.

»Das Gelände der ehemaligen Untersuchungshaftanstalt des Ministeriums für Staatssicherheit (MfS) in Berlin-Hohenschönhausen steht wie wenige andere Orte in Deutschland für die 44-jährige Geschichte politischer Verfolgung in der sowjetischen Besatzungszone und der DDR. Tausende Unschuldiger wurden hier vom Mai 1945 bis zum Herbst 1989 unter oftmals unmenschlichen Bedingungen in Haft gehalten.«[64]

Und mit diesem Etikett wirbt die Gedenkstätte öffentlich und international.

Am 7. Juli 2004 erklärte Berlins Bürgermeister Klaus Wowereit beim Besuch in Hohenschönhausen, dass die Würdigung der »Opfer des SED-Regimes« eine »nationale Aufgabe ist«.

64

Der Prominenten-Förderverein zur finanziellen Unterstützung der »Gedenkstätte Berlin – Hohenschönhausen« verfolgt die gleiche politische Zielstellung. Zu den Gründern zählen unter anderem Alt-Bundeskanzler Helmut Kohl, Michael Glos, Stefan Hilsberg, Vera Lengsfeld, Arnulf Baring und Hans-Eberhard Zahn.

Hier befindet man sich in ausgewogener Gemeinschaft mit dem Flick-Konsortium, welches die »Gedenkstätte« in der ehemaligen UHA des MfS in Potsdam sponsert.

Was hat die Gedenkstätte bisher an Forschungsergebnissen zu bieten? Die Geschichte des Gebäudekomplexes, seine Verwendung und die Geschichte der Haftanstalt sind vor allem durch Peter Erler untersucht worden.[65]

Die Gedenkstätte gibt Tätigkeitsberichte, Kalender und Plakate heraus. Das offizielle Plakat zeigt einen Gang mit dem Text »Das STASI-Gefängnis«. Es soll an das »U-Boot« erinnern. Jedermann konnte erkennen: Die »Forschung« floriert, Steuer- und Spendengelder waren gut angelegt.

Wirklich?

Längst ist die Frage zu prüfen, ob die Gauck-Birthler-Jahn-Behörde befugt und befähigt ist, Forschungsarbeit zu leisten und Forschungsergebnisse mit quasi staatlicher Gewalt in das Bewusstsein der Öffentlichkeit zu drücken.

So stellte der Willy-Brandt-Kreis in seiner Erklärung vom 17. Februar 2005 »zum künftigen Umgang mit den Stasiakten« fest: »Pressehinweise, wonach künftig Hauptaufgabe der Behörde« (*gemeint ist der Apparat des Bundesbeauftragten für die Unterlagen des Staatssicherheitsdienstes der ehemaligen Deutschen Demokratischen Republik, kurz BStU – H. Sch.*) – »die Aufarbeitung der DDR-Geschichte sein wird, erfüllen uns allerdings mit Sorge, da die Behörde mit ihrer bisherigen Arbeit bewiesen hat, dass sie für diese Aufgabe ungeeignet ist. Die Behörde war von Anfang an nicht als neutrale wissenschaftliche Einrichtung angelegt, sondern hatte eine politische Zweckbestimmung. Wie der damals zuständige Ministerialdirigent im Bundesinnenministerium erklärte, hatte der Sonderbeauftragte den Sonderauftrag, die DDR zu delegitimieren.

Gleichzeitig waren alle geheimdienstlichen Erkenntnisse über die Bundesrepublik streng geheim, sie stehen der kritischen Aufarbeitung nicht zur Verfügung.

Damit begann eine auf ostdeutsche Repressionsgeschichte eingeengte, selektive Geschichtsschreibung, die nicht nur Alltagsgeschichte ausblendete, sondern auch Forschungsvorhaben, die nicht die gewünschte Delegitimierung erbrachten, unter den Tisch fallen ließ. […]

Emanzipatorische Elemente wie die Brechung des Bildungsprivilegs in der DDR oder das Selbstbewusstsein von Produktionsarbeitern wurden genauso ausgeblendet wie Aspekte der bundesdeutschen Repressionsgeschichte.«

Weiter hieß es in dem Papier des Willy-Brandt-Kreises: »Mit ihrer Reproduktion von staatlich beaufsichtigter Geschichtswissenschaft hat die Behörde von Anfang an auch zu Fehlurteilen und Legendenbildungen beigetragen. Wenn heute in Westdeutschland und im Ausland das Bild der DDR als eines reinen Unrechtsstaates vorherrscht, in dem alle Bürger entweder bei der Stasi gearbeitet haben oder von ihr beobachtet wurden, bei jeder missliebigen politischen Äußerung im Gefängnis landeten und nur unter Lebensgefahr das Land verlassen konnten, so hat die Behörde ihren Auftrag erfüllt. Wer weiß schon, dass in den Jahren der Mauer nach Angaben des Bundesinnenministeriums – größtenteils unter schikanösen Bedingungen – 429.815 Ausreiseanträge genehmigt wurden, die 33.775 herausgekauften Häftlinge nicht mitgerechnet? […]

Wir brauchen eine differenzierte Aufarbeitung der Geschichte, die auch die westdeutsche Parallelgeschichte nicht ausblenden darf, weil sich nur in der Gesamtansicht Aktionen und Reaktionen erklären lassen.

Wir befürworten die zukünftige Überführung des Aktenbestandes unter die Obhut des Bundesarchivs, das eine hohe Gewähr für einen sachgemäßen Umgang mit diesen Unterlagen bietet.« Diese Erklärungen unterzeichneten 18 Persönlichkeiten, darunter Egon Bahr, Peter Brandt, Daniela Dahn, Friedrich Dieckmann, Günter Grass, die Verfassungsrichterin Christine Hohmann-Dennhardt und Friedrich Schorlemmer.

»Ich finde es zum Beispiel unerträglich, dass in der *Berliner Zeitung* ein ehemaliger Stasi-Mitarbeiter ständig über Stasi-Themen schreibt«, entrüstete sich Hubertus Knabe in *Radio Berlin-Brandenburg* am 22. September 2003 und in der *Berliner Zeitung* vom 25. Juni 2004. Er meinte den Redakteur Andreas Förster, der von 1977 bis 1980 im Wachregiment »Feliks Dzierzynski« seinen gesetzlich vorgeschriebenen Wehrdienst geleistet hatte. Knabe wurde wegen dieser Äußerung am 24. Juni 2004 verurteilt, er musste 2.500 Euro an Förster zahlen.

Darf bei dieser Gelegenheit an Gesetz und Recht erinnert werden? Das Grundgesetz zählt die Rede- und Gewissensfreiheit zum Kernbestand der Menschenrechte. Vor Gericht darf sich auch der schlimmste Verbrecher äußern. In Medien erhalten Rechtsbrecher oft die Möglichkeit, sich lukrativ zu vermarkten. Das alles ist »rechtsstaatlich«. Aber ein – angeblicher – »Stasi-Mitarbeiter« darf sich nicht äußern?

Bei anderer Gelegenheit erklärte Hubertus Knabe: »Nach der Wende hatten die Stasi-Mitarbeiter ein schlechtes Gewissen. Heute ist ihr Unrechtsbewusstsein bei Null.« Und »erklärte« das mit den Worten: »Erfolge der PDS, DDR-Nostalgie wie Stasiwappen auf Feuerzeugen senken die Tabu-Schwelle. Inzwischen ist alles erlaubt, werden die früheren Stasi-Mitarbeiter aggressiver.«

»Leider gibt es kein Gesetz, dass die Aufklärung von Taten des Kommunismus schützt. Vor unserem Tor könnten Flyer mit ›Alles Lüge‹ verteilt werden – und es würde nicht bestraft« äußerte sich Knabe in Bild vom 9. Juli 2004 über den »Psycho-Terror in der Stasi-Gedenkstätte«.

Im Nachruf von Hubertus Knabe für den »Dissidenten« Jürgen Fuchs hieß es im Mai 1999: »Jürgen Fuchs starb im Alter von 48 Jahren an einer seltenen Form von Blutkrebs. Seit dem Ausbruch der Krankheit hegte er den Verdacht, dass sie womöglich vom Staatssicherheitsdienst der DDR ausgelöst worden war, um den unbelehrbaren und gefährlichen Kritiker auf unsichtbare Weise zu beseitigen. Der Verdacht wurde dadurch bestärkt, dass auch andere Regimekritiker wie Rudolf Bahro oder Gerulf Pannach in jüngster Zeit an Krebs starben. Hinzu kamen Indizien wie der merkwürdige Fund einer ›Röntgenkanone‹ im Fotoraum der Untersuchungshaftanstalt in Gera oder Aufzeichnungen der Staatssicherheit, wie man Menschen durch radioaktive Verstrahlung unbemerkt zu Tode bringen kann.«

»Erst durch seinen Tod hat jetzt die Staatsanwaltschaft der Frage nachzugehen, ob Jürgen Fuchs' tödliche Krankheit menschengemacht war.«

Der behauptete Zusammenhang von »Röntgenkanone« und Krebstod oder gar ominöse Aufzeichnungen der Staatssicherheit wurde nie durch irgendeinen Tatbestand erhärtet. Er blieb und bleibt eine Behauptung, die die Legende vom Gruselkabinett nähren soll.

Hier wird auch vermerkt, dass Knabe fleißig Bücher schreibt, so das gemeinsam mit Peter Erler verfasste »Der verbotene Stadtteil«.[66] Bedenken werden »Stasi-Jäger« kaum beeindrucken. Hubertus Knabe jagt nach seinen eigenen Worten der historischen Wahrheit hinterher, aber immer, wenn ich ihn auf dem Bildschirm sehe, werde ich an einen mir bekannten Schauspieler erinnert, der im Dresdner Staatsschauspiel einen Großinquisitor spielte. Liegt das an meiner Voreingenommenheit? Versuchen wir, Knabes Absichten und Ansichten aus seinen eigenen Worten zu erklären.

Ein Historiker stellt Vergangenes dar, versucht Ursachen und Wirkungen zu benennen, wenn er sich als Wissenschaftler betrachtet, auch Erkenntnisse zu formulieren. Er ist weder Ankläger noch Richter.

Gilt das auch für Hubertus Knabe?

»Mit Hohenschönhausen haben wir einen Verfolgungsort der letzten Diktatur fast unversehrt überliefert, dem eine wirklich nationale Bedeutung zukommt. Das ist, wenn man das überhaupt vergleichen kann, das Dachau des Kommunismus«, sagte er im Interview in der *Berliner Zeitung* am 1. Dezember 2000.

Nun meint Knabe nicht das Internierungslager der US-Truppen in Dachau 1945, wie ein Ahnungsloser unterstellen könnte, sondern das Nazi-Konzentrationslager. Schon das zeigt den politischen Standort und die Absicht. Bis heute ist nichts darüber bekannt, dass er sich zwischenzeitlich davon distanziert habe, obwohl es in Bezug auf Verunglimpfung und Schändung der Opfer des KZ-Regimes neue gesetzliche Regelungen gibt, die solcherart Gleichnis unter Strafe stellen.

Auch über die Absichten solchen Tuns lässt Knabe seine Leser nicht im Unklaren: Die Untersuchungshaftanstalt Hohenschönhausen wird mit der Schablone der Totalitarismus-Doktrin gemessen: Zwei Diktaturen in Deutschland.

Bei dem Buch selbst handelt es sich nicht nur dem Umfang nach um ein dünnes Heft. Es verbreitet hauptsächlich für den Leser lästige Wiederholungen über Struktur und Aufgabenstellungen von Diensteinheiten des MfS und die Entwicklung der baulichen Gegebenheiten im »verbotenen Stadtteil«. Um die Unseriosität der Darlegungen zu beurteilen, reicht es, darauf zu verweisen, dass Knabe die Spionageabwehr des MfS in Anführungszeichen setzt und allen Ernstes behauptet, diese habe nur als Vorwand für die Überwachung der Bevölkerung gedient.

Die Zahlenangaben im Buch sind widersprüchlich. So wird für die Zeit von 1951 bis 1989 einmal von 20.000 bis 22.000 Häftlingen, dann wieder von 11.000 gesprochen, auch die Addition der Zahlen für die Gesamtzeit ab 1945 ergibt keine 40.000, wie auf dem Schutzumschlag angegeben ist. Knabe/Erler verwenden zwar Begriffe wie Terror und unmenschliche Haftbedingungen, bleiben den Beweis dafür aber schuldig.

Im Heer der Kämpfer um die »Erinnerungsschlacht« anlässlich des 60. Jahrestages der Befreiung durfte Hubertus Knabe natürlich nicht fehlen. Am 29. März 2005 erschien sein Buch »Tag der Befreiung? Das Kriegsende in Ostdeutschland«.[67]

Natürlich bietet Knabe auf den 390 Seiten für 24 Euro keine neuen Erkenntnisse an, sondern eine extrem konservative Deutung der »Katastrophe«, die der Sieg der Sowjetunion bedeutet habe.

Interessanter als das Buch ist der Umgang mit diesem. *Die Welt* vom 20. März 2005 rühmt es vorab, ein Anonymus meinte, nun sei endlich die absolute Wahrheit gedruckt. Noch bezeichnender ist, dass im *DeutschlandArchiv* unter den 28 Büchern, die im ersten Halbjahr 2005 zum 8. Mai 1945 erschienen und besprochen wurden, den Lesern insbesondere das Werk Hubertus Knabes ans Herz gelegt wurde. Die Rezension trug den Titel »Das Doppelgesicht des 8. Mai«. Die Besprechung war kennzeichnend für die gewünschte »Richtung« der Manipulation und reizte zu Anmerkungen.

Schon die Überschrift zwingt zur Frage: Kann ein (beliebiger) Tag ein Doppelgesicht haben wie eine Münze oder (als Metapher) ein Mensch? Der Rezensent Rainer Eckert meint natürlich die Wertung des 8. Mai 1945, für die Heinrich Böll die Kurzformel fand: »Ihr werdet die Deutschen immer wieder daran erkennen können, ob sie den 8. Mai als Tag der Niederlage oder der Befreiung bezeichnen.«

Nun also verspürte Hubertus Knabe den Drang, sich auch zu »outen«, aber wie? Das brachte Eckert den Lesern des *DeutschlandArchivs* bei.

Der 1950 in Potsdam geborene Eckert fragt einleitend, ob es nicht an der Zeit sei, auch der »Opfer von Vertreibung, Bombenkrieg und Vergewaltigungen durch sowjetische Soldaten« zu gedenken. Damit soll Knabes Anliegen gewissermaßen zu einem dringenden Bedürfnis des »Volkes« werden, das endlich – durch Knabe – befriedigt wird.

Wer indessen die bundesdeutsche Literatur und Periodika kennt, das *DeutschlandArchiv* eingeschlossen, weiß, dass diese Themen selbst in den 50er Jahren keine weißen Flecken in der bundesdeutschen »Forschung« bildeten.

Aber woher sollte das Eckert wissen? Er ist ein Kind der DDR. Er machte hier Abitur, studierte an der Humboldt-Universität, diplomierte, promovierte und arbeitete ab 1988 im Zentralinstitut für Geschichte der Akademie der Wissenschaften.

Die Frage ist: Wer brauchte warum 2005 diese »Welle des Leidens« von Deutschen? Und warum beteiligte sich Knabe an der »Erinnerungsschlacht« (Norbert Frei)? Offensichtlich glaubt er, ohne seinen Beitrag gäbe es nicht genug Antikommunismus, der nun hinter der Nebelwand (bestimmter) »Zeitzeugen« reproduziert wird. Der Rezensent hebt denn auch hervor: Knabe »schildert die Schrecken der Eroberung durch die ›Rote Armee‹, die terroristische ›Säuberung‹ in den deutschen Ostgebieten und die Rolle von Terror bzw. politischer Verfolgung auf dem Weg zur SED-Diktatur. Dies alles sind legitime Themen, und Knabe breitet in einem gut lesbaren Stil eine ganze Palette schrecklicher Leiden und Untaten aus.«

Wenn wir schon bei »Leiden und Untaten« sind: Begannen sie erst 1945? Gab es sie nur im Osten? Hatte nicht das deutsche Staatsoberhaupt am 13. Februar 1995 in der Dresdner Kathedrale diese makabre Methode der »Saldierung der Opfer« verurteilt? Hatte nicht der altersweise Willy Brandt schon 1987 davor gewarnt, alle alten Schlachten noch einmal zu schlagen?

Aber was gelten Argumente der Vernunft Leuten wie Knabe? Der Rezensent Eckert jedenfalls lobt an Knabes Buch: Der Autor »geht von der Mitschuld der Sowjetunion am Krieg aus und schildert den sowjetischen Terror der Nachkriegszeit als Voraussetzung für die Etablierung der SED-Diktatur. Im Mittelpunkt steht dabei die Charakterisierung der Sowjetunion als eine blutige Diktatur. Die Verbrechen der sowjetischen Truppen in den deutschen Ostgebieten und in abgeschwächter Form in der Sowjetischen Besatzungszone werden detailliert ausgemalt, und als eigentlichen Grund macht Knabe nicht die vorausgegangenen deutschen Untaten aus, sondern nennt Verrohung der Soldaten und den Einfluss sowjetischer Kriegsideologie bzw. das Ergebnis blutrünstiger Propaganda. In dieser Sicht werden die sowjetischen Soldaten zu Bestien und der Mord an Deutschen nimmt die Züge eines Genozids an.«

Ob sich Rezensent und Redaktion bewusst waren, was sie da publiziert hatten?

Die Leser dieser Zeilen mögen prüfen: Was hätte uns (ich beziehe mich ein) geblüht, wenn die Sowjetsoldaten nach dem altbiblischen Prinzip »Aug' um Auge, Zahn um Zahn« gehandelt hätten? Welche Motive hatten denn aber deutsche Soldaten veranlasst, so zu handeln, wie Knabe es den Sowjetsoldaten unterstellt?

Wer versucht, in den Tagebüchern und Reden eines gewissen Joseph Goebbels zu prüfen (sie sind gedruckt), inwiefern Knabe die Tiraden des Reichspropagandaministers noch übertrifft?

Und Knabe setzt der Hasspredigt noch die Krone auf, indem er behauptet, »dass der polnische Terror den der sowjetischen Behörden noch übertroffen« habe.

Da Knabe aus der Gedenkstätte Hohenschönhausen ein Gruselkabinett gemacht hat, darf ein Exkurs über die sowjetischen Speziallager (wie es sie in den Westzonen als Internierungslager der anderen Alliierten auch gab) nicht fehlen. Frisch und frei – auch fromm? – fabuliert Knabe laut Rezensent Rainer Eckert: »In den Speziallagern der sowjetischen Besatzungsmacht sieht Knabe nur relativ wenige NS-Belastete interniert, und er kommt zu dem Schluss, dass in ihnen die Überlebenschancen der Häftlinge geringer waren als in manchem nationalsozialistischen Konzentrationslager.

Dem folgt die Erzählung über Deutsche im Gulag, über die ungerechtfertigten Verurteilungen durch Sowjetische Militärtribunale und allgemein über den Terror Stalins gegen Andersdenkende.

Zusammengefasst münden diese Ausführungen in die These, dass die sowjetische Führung kein Interesse an der Bestrafung der eigentlichen Kriegsverbrecher gehabt habe, sondern nur die Durchsetzung stalinistischer Herrschaftsmethoden in ihrem Machtbereich betrieb.«

Wer waren die »eigentlichen Kriegsverbrecher«?

Auch die Flick und Krupp, die in Nürnberg angeklagt waren? Waren ihre Enteignung nach dem Volksentscheid vom 30. Juni 1946 in Sachsen und der Entzug ihrer Machtgrundlage eine Bestrafung oder ein Schritt zur »Sowjetisierung«? Hatten nicht auch Adenauer und Schumacher die Entmachtung von Hitlers Steigbügelhaltern gefordert? Brächte nicht der Vergleich der Behandlung von Kriegsverbrechern in Ost und West Erkenntnisgewinn?

Rainer Eckert kann nicht umhin, einiges an Knabes Text zu tadeln. »Ärgernis und Irrtum« sei Knabes »individualisierender Ansatz«, wonach sich im Osten – im Unterschied zum Westen – niemand befreit gefühlt hätte.

Unschön findet der Rezensent auch, dass immer wieder eine »angemaßte Überlegenheit« gegenüber den »primitiven Russen« durchschimmere. Vor 1945 war das die rassistische These von der »Minderwertigkeit der slawischen Rasse«. Eckert befürchtete darum, »dass Knabes Ausführungen Munition für Rechtsradikale sein könnten«, was aber im Interesse der Wahrheit in Kauf genommen werden müsse.

Eckert beklagt auch »kleinere Irrtümer«, zu denen die Behauptung gehört, »dass jeder dritte Deutsche in den Ostgebieten die Besatzung nicht überlebte oder dass ca. 1,4 Millionen deutsche Mädchen und Frauen östlich von Oder und Neiße vergewaltigt worden wären«.

Und was rät der Rezensent demjenigen, der »Opferzahlen« aus dem Hut zauberte? »Hier wäre mehr Vorsicht geboten gewesen, da Schätzungen und Hochrechnungen nicht solide Forschungsarbeit ersetzen können.«

Da ist abschließend jedoch zu fragen: War Knabe angetreten, um »solide Forschungsarbeit« zu leisten? Wird sein Buch besser, wenn er auf die »kleineren Irrtümer« (die einen »normalen« Historiker den Hals kosten würden) verzichtet hätte? Mag das jeder selbst prüfen.

Wer sich bemüht, Rationales in Knabes Bemühen zu entdecken, darf nicht an früheren seiner Arbeiten vorbeigehen, zum Beispiel »Die unterwanderte Republik« und »Der diskrete Charme der DDR«.[68]

Nach Knabe hatte die »Stasi« die alte Bundesrepublik »unterwandert« und die »Westmedien« fest in der Hand gehabt. Wer Knabes Sicht teilt, müsste zu dem Schluss kommen, die alte Bundesrepublik sei ein Ameisenhaufen gewesen, in dem die »Stasi« fleißige und erfolgreiche Arbeit geleistet habe. Warum es dann aber trotzdem die DDR erwischt hat, bleibt unerfindlich.

Angesichts der Rolle, die Dr. Hubertus Knabe beim Thema Hohenschönhausen spielt, lässt es sich nicht vermeiden, einen kurzen Blick auf seine Biographie zu werfen. Knabe wurde 1959 in Unna geboren, nachdem seine Eltern aus der DDR dorthin übergesiedelt waren.

Der Vater war Mitbegründer der Grünen und von 1987 bis 1990 für diese Partei im Deutschen Bundestag. Sein Sohn wirkte als Pressesprecher der Grünen in Bremen und promovierte in Budapest über den Vergleich der Umweltpolitik Ungarns und der DDR. Von 1992 bis 1998 arbeitete er in der Forschungsabteilung der Gauck-Behörde.

Nach einem Streit über Urheberrechte schied er aus, um danach wissenschaftlicher Direktor der Gedenkstätte Hohenschönhausen zu werden.

Die Querelen waren entstanden, als die Gauck/Birthler-Behörde das Erscheinen seines Buches »Der diskrete Charme der DDR« verhindern wollte, weil Knabe vorgeworfen wurde – so der *Spiegel* –, »Intimdaten verwendet« zu haben. *Der Spiegel* (14/2001, S. 126) berichtete, Knabe hätte damit bundesdeutsche »Handlanger des DDR-Geheimdienstes« angeprangert. Zu den Verleumdeten gehörte Manfred Bissinger, der das Imperium Axel Springers durchleuchtet hatte.

Der Spiegel charakterisierte Knabe mit folgenden Worten: »Seine Eltern gaben ihm den Namen des Schutzheiligen aller Jäger, seine Freunde rühmen seinen Sinn für Gerechtigkeit, seine Geschäftigkeit. […] Den promovierten Historiker Hubertus Knabe, 41, muss niemand zum Jagen tragen. «

Karl Wilhelm Fricke hat in seiner Rezension im *DeutschlandArchiv* (1/2000, S. 115f.) die rhetorische Frage, ob im Lichte von Knabes Arbeit die Geschichte der früheren Bundesrepublik neu geschrieben werden müsse, eindeutig verneint. Er wollte auch nicht entscheiden, ob es »klug und kollegial« gewesen sei, wenn Knabe den Bericht mehrerer Autoren für die Eppelmann-Kommission monopolisiert, aber auch hier heiligt der Zweck die Mittel. Im Ziel – Verteufelung der DDR – sind sich Knabe, Birthler, Fricke und Co. einig.

Die Arbeiten Knabes sind auch deshalb unseriös, weil bundesdeutsche Geheimdienstmaterialien nicht zugänglich sind und die ideologische Diversion bundesdeutscher Medien gegen die DDR nicht untersucht wird.

*Du sollst nicht falsch Zeugnis reden
wider deinen Nächsten!*

Das achte Gebot

»Birthler prüft die Berliner Lehrpläne«

So war ein Artikel von Tobias Miller in der *Berliner Zeitung* vom 18. September 2002 überschrieben. Nach dem Grundgesetz ist Bildungspolitik Ländersache. Der Leser darf also davon ausgehen, dass Marianne Birthler per Amt auch für die Bildungspolitik der Hauptstadt zuständig ist.

Was hatte Marianne Birthler nach Prüfung der Berliner Lehrpläne als »versäumte Lektionen« festgestellt? Die Schüler in Ost und West wüssten zu wenig über die DDR, die SED-Herrschaft, die Verfolgung Andersdenkender durch das Ministerium für Staatssicherheit, Meinungsmanipulation und Unterdrückung. Zwar könnte jemand einwenden, dass die Schüler täglich Anschauungsunterricht in Meinungsmanipulation erlebten, aber Birthler meinte natürlich ausschießlich die finstere DDR-Vergangenheit.

Aber Hoffnung war in Sicht. Laut Vorgabe der SPD-PDS-Koalition sollten die Schulen enger mit der Birthler-Behörde zusammenarbeiten. Es gibt ein Angebot von »Stasi«-Experten für die Lehrpläne. Dazu gehört das Material »Politische Verfolgung in der DDR« am Beispiel »Die zentrale Untersuchungshaftanstalt Berlin-Hohenschönhausen – das Gefängnis der Staatssicherheit«. Es ist ein Material, das sieben Arbeitsgruppenmitglieder vorbereitet hatten und das seit 2004 zur Verfügung steht.

Es umfasst 131 Seiten und ist in fünf Abschnitte gegliedert. Der erste Abschnitt entführt in »Die Welt der Lager«, wobei es um die historischen Hintergründe der Welt des sowjetischen Gulag und seiner Häftlinge geht.

Die Experten für die Lehrpläne tadeln vor den Schülern, dass die Staatssicherheit Geständnisse anstrebte.

Die Behauptung, »von der Stasi angewiesene Ärzte pumpten sie (*die Häftlinge – H. Sch.*) mit Medikamenten voll und quälten sie mit Elektroschocks«, ist eine infame Lüge oder eine Verwechslung mit Methoden von US-Vernehmern.

Hier ist nicht der Platz, um auf alle Unterstellungen in dem Angebot für die Schulen einzugehen. Den Schülern wird das Lernziel angeboten, den Missbrauch der Psychiatrie zu verurteilen. Nach langjähriger Tätigkeit von Untersuchungskommissionen, nach unzähligen Ermittlungsverfahren und nach Überprüfung der Aussagen von in solchen Fällen stets auffindbaren »Opfern« (nicht einmal der ehemalige sächsische Innenminister Heinz Eggert, der solche Lügen öffentlich verbreitet hatte, konnte diesen Nachweis führen) musste offiziell eingestanden werden, dass es *keinen* Missbrauch der Psychiatrie in der DDR gegeben hat. Anwürfe, das MfS habe Inhaftierte oder politisch missliebige Personen in Irrenanstalten »verschwinden« lassen, haben sich als völlig aus der Luft gegriffen, als unwahr und verleumderisch erwiesen.

Selbst die BStU räumte 1997 ein: »Die auf langwierigen Recherchen fußende Studie zeigt, dass es in der DDR anders, als gemutmaßt wurde, eine Psychiatrierung politischer Dissidenten nicht gegeben hat.« (BStU: Dritter Tätigkeitsbericht 1997, S. 67)

Auch die biografischen Angaben eines »jungen Wilden« und ein Exkurs über Verhörmethoden dürften nicht ausreichen, um den Schülern beizubringen, dass es in Hohenschönhausen furchtbare Haftbedingungen gab.

Inzwischen könnte das unheilige Einwirken der Gauck/Birthler-Behörde auf den Bildungsinhalt ein eigener Untersuchungsgegenstand werden.

Die Gedenkstätte Hohenschönhausen und das Landesinstitut für Schule und Medien (LISUM) gaben 2003 Unterrichtsmaterial für drei Schulstunden und für einen Projekttag heraus. Dafür schrieb Bildungssenator Klaus

Böger (SPD) das Vorwort. Zu den Lernzielen gehört, »den Zwangscharakter des Sowjetstaates [...] als Grundlage des Lagersystems« zu erkennen, aber auch die Aufgabe, die »politische Verfolgung in der DDR« aus der »Perspektive der Opfer« zu betrachten.

Der Projekttag, der für 5 Stunden 15 Minuten geplant ist, soll die Haftbedingungen in Hohenschönhausen simulieren – bis hin zu Vernehmungsmethoden und zur Nutzung von Strohhalmen, an die sich Häftlinge verzweifelt geklammert hätten.

Wer das vorgegebene Szenarium prüft, muss sich ernsthaft fragen, welches Erziehungsergebnis gewollt ist?

Zu den ungesetzlichen Einwirkungen auf die Schule gehörte auch das Schreiben Marianne Birthlers vom 26. Juni 2001 an die Kulturminister der Länder, in denen sie die Adressaten geradezu nötigte, »die Auseinandersetzung mit der SED-Diktatur« zu fördern, indem mit ihren Dienststellen, Materialien und Gedenkstätten gearbeitet werden sollte.

Die Umsetzung zum Beispiel der Erklärung des Kultusministers Sachsen-Anhalts, Prof. Dr. Jan-Hendrik Olbertz, und Marianne Birthlers vom 4. September 2003 wäre ein nötiges Untersuchungsfeld. Schüler, die denken lernen, werden selbst ihre eignen Schlüsse ziehen.

Gedruckt sind auch einige aufklärende und nachweisbare Fakten zum Thema »Birthler-Lehrpläne« über die materielle Versorgung und medizinische Betreuung von Beschuldigten in den UHA des MfS.

Die Beschuldigten erhielten eine auf ernährungswissenschaftlichen und medizinischen Erkenntnissen beruhende und den Normen entsprechende Gemeinschaftsverpflegung. Aus gesundheitlichen Gründen erfolgte auf Anordnung des Arztes eine speziell zubereitete oder zusätzliche Verpflegung.

Darüber hinaus gab es eine sogenannte Beschuldigtenzulage bei stationärer Unterbringung, Erkrankung an Diabetes und bei Einsatz von Beschuldigten für Dienstleistungs- und Versorgungsaufgaben.

Den Beschuldigten, umgangssprachlich U-Häftling, war es gestattet, auf eigene Kosten aus dem Angebot der UHA Waren des persönlichen Bedarfs (Nahrungsmittel, Tabakwaren, Kaffee, Tee usw.) zur eigenen Verwendung zu erwerben. Bis Ende 1989 durften dafür bis zu 100 Mark monatlich ausgegeben werden.

Mittellosen Beschuldigten wurde Geld zur Verfügung gestellt. Der persönliche Einkauf war einmal wöchentlich gestattet.

Eine sicher unfreiwillige Darstellung der Lage in den UHA des MfS fand sich 1999 in einem Brief der »Opferverbände« an den damaligen Berliner Kultursenator Peter Radunski (CDU). Dieser Brief wurde in der Tageszeitung *Die Welt* zitiert. Die Autoren führten darin Klage, dass bei einer Veranstaltung in der »Gedenkstätte Hohenschönhausen« ehemalige Inhaftierte erklärten, sie hätten dort 10 bis 15 Kilo zugenommen und wären erst durch die »Wende« auf schlechtere Verpflegung heruntergesetzt worden. Mithin: Sie seien bis dahin gut verpflegt worden.

Nebenbei wurde in diesem Protestbrief auch noch die damalige Leiterin der »Gedenkstätte« scharf attackiert, weil sie erklärt hatte, dass das sogenannte U-Boot nur bis 1951, also nur unter sowjetischer Regie, genutzt worden sei. Es war Gabriele Camphausens letzter Auftritt, sie wurde als Leiterin der »Gedenkstätte Hohenschönhausen« abgelöst und durch den »Westimport« Hubertus Knabe ersetzt.

Jede UHA des MfS verfügte über Einrichtungen zur ambulanten medizinischen Versorgung.

Für jeden Beschuldigten wurde eine Gesundheitsakte angelegt und geführt. Sie dokumentierte den Gesundheitszustand zum Zeitpunkt der Aufnahme in die Untersuchungshaftanstalt, die vor der Inhaftierung in Anspruch genommene sowie die während des Vollzuges der Untersuchungshaft erfolgte medizinische Betreuung; den

Gesundheitszustand zum Zeitpunkt der Entlassung oder Verlegung in eine Vollzugseinrichtung des Ministeriums des Innern.

In allen UHA des MfS war eine ständige medizinische Betreuung durch Fachpersonal gewährleistet und bestanden Möglichkeiten zur regelmäßigen Inanspruchnahme eines Arztes. Bei Erfordernissen konnte der behandelnde Arzt entsprechende Fachärzte – auch aus dem staatlichen Gesundheitswesen – hinzuziehen. Die Versorgung mit Heil- und Hilfsmitteln, Zahnersatz und Medikamenten entsprach den sozialversicherungsrechtlichen Bestimmungen und war in der DDR bekanntlich kostenlos.

Für den gesamten Untersuchungshaftvollzug des MfS wurden seit 1960 in mehreren Etappen medizinische Einrichtungen und ein zentrales Haftkrankenhaus im Objekt Berlin-Hohenschönhausen aufgebaut.

Die Ersteinrichtung des Haftkrankenhauses, zu dem auch eine Bettenstation mit zehn Krankenzimmern und entsprechender Technik gehörte, erfolgte 1960 bis 1962. Von 1971 bis 1974 wurde es für 2,2 Millionen Mark erweitert. Danach verfügte das Haftkrankenhaus über zwei Stationen mit 21 Betten, sieben Notbetten sowie modernen Ausrüstungen für Diagnose und Therapie.

Den Besuchern der »Gedenkstätte Hohenschönhausen« wird das Haftkrankenhaus nicht gezeigt. Es wurde noch 1990 demontiert, die Einrichtung veräußert und das Innere in einen unansehnlichen Zustand versetzt.

In diesen Rahmen der »Aufarbeitung« passt auch die Anklage gegen einen Arzt dieses Krankenhauses, der beschuldigt wurde, er habe psychisch kranke Personen während der Untersuchungshaft zur Einnahme von Medikamenten genötigt, die ihre Aussagewilligkeit herbeigeführt hätten. Der Arzt musste vom Landgericht Berlin freigesprochen werden.

Das sind Fakten. Sie passen allerdings nicht zum »Bildungsziel«, das Marianne Birthler konzipierte.

Und allzu straff gespannt, zerspringt der Bogen.

Friedrich Schiller in »Wilhelm Tell«

Bildungsarbeit am »authentischen Ort«

Ein Hauptteil der Arbeit einer Gedenkstätte ist die Besucherbetreuung. Das offiziell genannte Ergebnis lautet per Oktober 2004: »Die Gedenkstätte verzeichnet seit ihrer Gründung beständig steigende Besucherzahlen. Während 1995 noch 7.000 Besucher pro Jahr kamen, waren es im vergangenen Jahr über 128.000, davon 55.000 Schüler. In diesem Jahr wird mit 135.000 Besuchern gerechnet. 85 Prozent der Besucher kommen in Gruppen, für die vielfach – zum Beispiel durch das Presse- und Informationsamt der Bundesregierung, also auf Kosten der Steuerzahler – kostenlose Fahrten nach Berlin, z. T. auch noch mit Unterbringung organisiert werden. So stammen nicht zufällig drei von vier Besuchern aus den alten Ländern.

Die Arbeit der Gedenkstätte wird von Bund und Land jährlich mit mehr als einer Million Euro unterstützt. Für den Umbau und die Einrichtung einer Dauerausstellung sind schätzungsweise 20 Millionen Euro erforderlich.«

Tausende Bürger, darunter viele Kinder und Jugendliche, werden Tag für Tag durch die »Zentrale Gedenkstätte« in der ehemaligen Untersuchungshaftanstalt des MfS in Berlin Hohenschönhausen geführt. Was ihnen bei den Führungen erzählt wird, schildert auch Klaus Huhn im vorderen Teil des Buches. Kern der »Erklärungen«: Die hier inhaftierten Menschen, die gegen das SED-Regime waren, seien von Mitarbeitern des MfS misshandelt und gefoltert worden. Man bezieht sich dabei immer wieder auf »Opfer-Zeitzeugen« von Hören und Sagen oder auf die nicht nachprüfbaren Aussagen der Museumsführer.

Wie sich das auswirkt, kann auch in der Magdeburger *Volksstimme* am 9. Februar 2005 nachgelesen werden. 62 Schüler der 13. Klassen des Freiherr-vom-Stein-Gymnasium Weferlingen sollte das Gruseln gelehrt werden: In sogenannten Steh- und Wasserzellen hätten die Inhaftierten oft tagelang ausharren müssen, ansonsten wären die Bedingungen in den Zellen ebenfalls mehr als unmenschlich gewesen, hier hätten sich lediglich eine Holzpritsche und ein Eimer für das Nötigste befunden.

Das »U-Boot« der Untersuchungshaftanstalt sei die schlimmste Station im Keller des Gefängnisses gewesen. Kein Tageslicht, aber Kälte und Nässe hätten das Leben im Keller bestimmt – Krankheiten vorprogrammiert. Schlaf hätte es nicht gegeben, dafür seien die Häftlinge nachts in Vernehmungszimmern unter zusätzlichen psychischen und physischen Druck gesetzt worden. Ein Großteil (!) sei diesem Druck nicht gewachsen gewesen und sei im Gefängnis verstorben.

Was es hieß, von der »Stasi« verhört oder inhaftiert zu werden, hätten die Gymnasiasten so am eigenen Leib (!) feststellen können.

Dieses Lernziel soll laut Lehrempfehlungen auch über bestimmte »Stationen« vermittelt werden. So sollten Schüler zum Beispiel das »Gefängnislied« von Pannach intensiv hören, um das Lebensgefühl in den Zellen nachzuvollziehen, 15 Minuten Stillsitzen üben, um die Auswirkung auf Häftlinge am eigenen Körper nachvollziehen zu können, das Schreiben von Kassibern und von Briefen mit versteckten Mitteilungen ausprobieren oder Klopfzeichen erfinden und anwenden. Spätestens nach der 15-minütigen Stillsitz-Übung dürften der Mehrheit der Schüler die letzten Sympathien für »kommunistische Diktaturen« ausgetrieben worden sein. Bildung oder Verblödung – das ist hier die Frage!

Nicht nur nach Darstellung der Museumsführer handelte es sich bei den insgesamt 10.000 bis 11.000 Untersuchungshäftlingen in Berlin-Hohenschönhausen »selbstverständlich« um ungesetzlich und unter falschen Vorwürfen Inhaftierte.

Auch dass die Sicherheitspolitik der DDR über weite Teile ein Reflex auf die Bonner Politik war, wird ausgeblendet. Es gab demnach keinen Kalten Krieg, keine existentielle Bedrohung der DDR, keine Spione, keine Sabotage, keine Einwirkungsversuche von außen. Jegliche überprüfbaren Angaben zu den in den Untersuchungshaftanstalten des MfS tatsächlich Inhaftierten bzw. den wahren Gründen ihrer Verhaftung (übrigens mit richterlichem Haftbefehl) werden wohlweislich verschwiegen, denn dann müsste doch eingeräumt werden, dass der Hauptteil der Beschuldigten solche Straftaten begangen hatte wie Spionage- und Agententätigkeit, Diversion und Sabotage, Menschenhandel, Schleusertätigkeit, andere Bandenkriminalität, Kriegsverbrechen und Verbrechen gegen die Menschlichkeit oder terroristische Handlungen.

An Geschmacklosigkeit und Zynismus kaum zu überbieten war der Auftritt der Leipziger Thomaner am 29. November 2002 in der »Gedenkstätte Berlin-Hohenschönhausen«. Der Chor wurde infam instrumentalisiert. Ehemalige Häftlinge, also Straftatverdächtige, und überführte Straftäter, die heute als »Opfer« gelten und als sogenannte »Zeitzeugen« agieren, führten die 60 Jungen im Alter von 10 bis 18 Jahren durch die Haftäume. Heuchlerisch wurde anschließend in den Medien darüber berichtet: »Die Opfer des SED-Regimes zeigten sich tief berührt, als die Thomaner vor den ehemaligen Zellen Choräle und Motteten von Bach und Brahms vortrugen. Die Kinder und Jugendlichen waren ihrerseits sehr betroffen, als sie erfuhren, wie der Staatssicherheitsdienst seine politischen Gefangenen behandelte.«

Der Leiter der »Gedenkstätte«, Hubertus Knabe, bedankte sich mit den Worten: »Es war, als hättet ihr die bösen Geister ausgetrieben.«

Welche? Und wessen Geister?

Die entscheidende Frage ist natürlich nicht, wie viele Besucher angelockt (oder wie es in DDR-Zeit hieß: »herangekarrt«) werden, sondern welche Wirkung mit antikommunistischen Klischees man erzielt. Repräsentative Studien zu dieser Frage gibt es nicht.

Nach einem Bericht des *Neuen Deutschland* vom 8. Juni 2004 habe Hubertus Knabe gegenüber dem Regierenden Bürgermeister von Berlin, Klaus Wowereit, bei dessen Rundgang durch die »Gedenkstätte« die angestrebte Wirkung mit folgenden Worten plastisch gemacht: »der ›Museumsführer‹ Mario Röllig habe seinen ehemaligen Vernehmer im Kaufhaus des Westens getroffen, zur Rede gestellt, eine Entschuldigung gefordert, sei dann aber zusammengebrochen.« Knabe dazu weiter: »Das kommt bei den Schülern immer ganz toll an.«

Auch bei den folgenden Überlegungen stütze ich mich auf Berichte von Besuchern, die ihren Bericht datiert und autorisiert haben, teilweise auch anonym bleiben wollen.[69]

Reinhard Fuhrmann sprach auf der Veranstaltung »Die enttäuschte Hoffnung auf Freiheit« am 18. Mai 2004 im Saal der BVV Pankow. Er resümierte, dass sich die Darstellungen zum sowjetischen Internierungslager auf insgesamt 49 Personen beziehen. Das Schicksal jeder dieser 49 ist nachzuweisen. Unter den Verhafteten gab es Nazifunktionäre, Werwolfverdächtige und Organisatoren antisowjetischer Aktivitäten.

Er beschrieb auch einige Fälle von Misshandlungen durch vernehmende Sowjetoffiziere. Fuhrmann weiter: »Die Zeitzeugen aus der Stasi-Zeit überliefern *keine* systematischen Misshandlungen bei den Vernehmungen.«

Wer die Phantasie hat, sich auszumalen, welche Erfahrungen die sowjetischen Vernehmer unter der deutschen Okkupation erlebt hatten, müsste erstaunt sein.

Es gibt auch einen anderen Bericht über die selbe Veranstaltung am 18. Mai 2004, zu der auch Marianne Birthler geladen hatte. Sie brachte nichts Neues, außer der Vertiefung der Aufgabenstellung, nämlich:

»a. den historischen Ort der ehemaligen Verhör- und Haftstätte zu markieren,

b. an das Unrecht, das den Inhaftierten zugefügt wurde, insbesondere die Verletzung von Rechtsstaatsprinzipien und die unmenschlichen Haftbedingungen zu erinnern,

c. exemplarisch die Verfolgung durch die sowjetischen und die DDR-Organe in ihren komplexen historischen Zusammenhängen zu veranschaulichen,

d. die Urteilskraft für politische Auseinandersetzungen in der Gegenwart stärken und zur Verantwortung für die Menschenrechte und zum Respekt vor dem Leben und der Freiheit eines jeden einzelnen aufzurufen.«

Ein dritter Bericht stammt von Oberstleutnant a. D. Diplom-Jurist Herbert Kierstein, der als Mitarbeiter der Hauptabteilung Untersuchung in Hohenschönhausen gearbeitet hatte und am 19. November 2003 mit einem USA-Agenten, der in der DDR verurteilt gewesen war, die Gedenkstätte besuchte.

Der vierseitige Bericht konzentriert sich darauf, die Unwahrheiten und Verleumdungen zusammenzutragen, die Hartmut Rührdanz den Teilnehmern des Rundgangs zumutete.

Seine Legitimation begründete der gebürtige Greiswalder damit, dass er 1963/64 Untersuchungshäftling, danach Strafgefangener in Hohenschönhausen gewesen sei. Sein Martyrium in der Untersuchungshaft habe darin bestanden: Bei der Geburt seines Sohnes (Datum nicht genannt) ergaben sich wegen einer Quer- und zusätzlichen Steißlage erhebliche Komplikationen. Der im Kreißsaal verantwortliche Arzt (Ort und Name des Arztes nicht genannt) habe den Kreißsaal vorzeitig verlassen, nachdem ihm telefonisch mitgeteilt wurde, dass für ihn Baumaterial eingetroffen sei. In Folge des verantwortungslosen Handelns des Arztes erlitt sein Sohn bei der Geburt so schwerwiegende Schädigungen, dass ihm später eine künstliche Speiseröhre und ein gesonderter Magenausgang eingesetzt werden musste. Mitverantwortlich sei auch die DDR, weil durch den Mauerbau notwendige Medikamente aus Westberlin nicht beschafft werden konnten. Nachdem die Charité, wohin er seinen Sohn gebracht hatte, nicht in der Lage gewesen sei, eine erfolgversprechende Behandlung durchzuführen, habe die »Stasi« seinen Sohn zur Behandlung nach Westberlin verbracht. Ihm selbst jedoch sei verwehrt worden, seinen Sohn in Westberlin zu besuchen.

Zweifellos handelte es sich um eine tragische Leidensgeschichte, die durch die Bedingungen des Kalten Krieges zusätzlich kompliziert wurde. Wie viele solche und ähnliche Geschichten gab und gibt es?

Was aber haben sie mit der Funktion einer Haftanstalt zu tun?

Oberstleutnant Kierstein folgte dann der Führung ins Kellergeschoss des Gebäudes, das er selbst 1961 als Verwaltungsgebäude kennengelernt hatte.

Ich folge seiner Darstellung:

»Während meiner Tätigkeit in der HA IX/1 befand sich in dem besagten Kellergeschoss eine Großküche und zugehörige Lagerräume. Die dienten der Versorgung des Mitarbeiterbestandes Hauptabteilung IX und der Abteilung XIV. Als wir unter Führung von Herrn Rührdanz dieses Kellergeschoss (in Reklamematerialien der Gedenkstätte Berlin-Hohenschönhausen als ›U-Boot‹ bezeichnet) betraten, hatte ich das Empfinden, in einem falschen Film zu sein. Alles umgebaut und zu einem Gruselkabinett mit mittelalterlich wirkenden Folterzellen umfunktioniert! Nach Ausführungen von Herr Rührdanz erfolgte der Umbau auf der Basis von Bekundungen eines Karl-Heinz Reuter, welcher 1947 als Jugendlicher durch das MGB wegen Werwolftätigkeit (*Terror gegen Einrichtungen oder Angehörige der sowjetischen Besatzungsmacht – H. Sch.*) inhaftiert wurde.

Herr Reuter ist damit offensichtlich die einzige Person von angeblich mehreren Zehntausend in der Zeit von 1945 bis 1951 in Hohenschönhausen inhaftierten Personen, auf die für die Gestaltung des Gruselkabinetts zurückgegriffen wurde. Für jeden Historiker wäre ein solches Vorgehen suspekt.«

Auch die zeitweilige Leiterin der Gedenkstätte, Gabriele Camphausen, zweifelte die Seriosität der Angaben des Herrn Reuter an. Sie hatte aber nicht die Kraft, die Widerstände der Opferverbände und Scharfmacher in der BVV und dem Senat zum Erhalt dieses ›entscheidenden‹ Gruselbeweises zu überwinden.

Rührdanz hatte noch manche Horrorstory auf Lager. So zeigte er eine Gummizelle, wie sie auch in westdeutschen Haftanstalten bei psychischen Störungen verwendet wird.

Probleme mit aus unterschiedlichen Gründen tobenden Gefangenen (Drogen- und Alkoholentzug, psychische Krankheiten, ›Haftkoller‹ usw.) treten vermutlich in vielen Haftanstalten der Welt auf. Die Ruhigstellung solcher Häftlinge ist in deren eigenem Interesse und zum Schutz von Mitgefangenen und Aufsichtspersonal erforderlich. Es handelt sich dem Wesen nach um ein psychiatrisches Problem, deshalb war in Hohenschönhausen bei solchen Maßnahmen immer auch ein Arzt beteiligt. Davon zeugt auch eine von Frau Paul, der geschiedenen Ehefrau von Herrn Rührdanz, die ebenfalls in Hohenschönhausen inhaftiert war, in der Gummizelle wahrgenommene Fesseljacke. Der Sinn von Gummizellen ist demzufolge der gleiche wie in psychiatrischen Krankenhäusern.

Bei der Gummizelle handelte es sich also um keine Folterzelle und auch nicht – wie unterstellt wird – um eine Arrestzelle.

Der Arrest wurde bei Verstößen gegen die Anstaltsordnung verhängt, in einer normalen Haftzelle vollstreckt, aber bei verschärften Haftbedingungen (hartes Lager, reduzierte Verpflegung, Wegfall aller Vergünstigungen und des Freigangs).

Frau Sigrid Paul, der Mädchenname der geschiedenen Frau Rührdanz, ist eine gefragte Kronzeugin in Sachen UHA Hohenschönhausen. So behauptet sie, 1964 habe sie *mehrfach* Blut und Urin aufwischen müssen – in einer Zelle, die nachweislich erst 1974 gebaut wurde.[70] In einem ihrer Fernsehauftritte reduzierte sie die Zahl solcher Vorkommnisse auf eines. Herr Rührdanz trat auch mit anderen unhaltbaren Behauptungen auf:

Vom Untersuchungsführer sei es abhängig gewesen, ob ein Untersuchungshäftling duschen durfte.

Der Untersuchungsführer habe darüber entschieden, ob ein Untersuchungshäftling zum Hofgang in die Freizelle zugelassen wurde.

Es sei vom Untersuchungsführer abhängig gewesen, ob der Untersuchungshäftling in seiner Zelle Raucherlaubnis erhielt.

Der Untersuchungsführer hätte das Recht gehabt, gegen einen Untersuchungshäftling bis zu 21 Tage Arrest zu verhängen etc.

Keine dieser Behauptungen ist wahr. Untersuchungsführer hatten diese Rechte nicht.«

Im Hinblick auf die Integrität und Wahrheitsliebe von Rührdanz müsste eine Reihe von Fragen mit Akribie untersucht werden, die Herbert Kierstein stellt, die aber eine gesonderte Beantwortung erforderten.

Bemerkenswert und erstaunlich ist, dass die (einzige) Kronzeugin für die bereits zitierte australische Journalistin Anna Funder eben jene Sigrid Paul, geschiedene Rührdanz, war. Ihre Erzählungen enthalten dieselben Unwahrheiten, wie sie ihr Ex-Mann den Besuchern der Gedenkstätte auftischte, auch die Legende vom »U-Boot« und den Zellen, die mit eisigem Wasser bis zum Hals gefüllt worden seien.[71]

Zur Sache muss festgestellt werden: Die »rekonstruierten« Zellen sind nach den Zeichnungen von Reuter nachträglich 1993 eingebaut worden, und dass Reuter – wie auch von Knabe im Buch »Der verbotene Stadtteil« bestätigt wird – weiterhin der einzige Zeuge dafür ist und dass das Ganze tatsächlich nur von ihm selbst, mit dem eigenen Stempel beglaubigt, also in keiner Weise beurkundet wurde.

In das Fach Dichtung gehören auch Behauptungen von »Zeitzeugen«, es sei mit Heißluft und blendenden Scheinwerfern »gefoltert« worden. Derlei Technik war nie vorhanden. Andere wollen in der U-Haft mit »Karabinern« traktiert worden sein. Aber: Weder das Aufsichtspersonal noch die Untersuchungsführer in den UHA durften Waffen tragen – und das galt für alle UHA der DDR. Mit etwas nicht Vorhandenem konnten sie wohl schwerlich »traktiert« worden sein.

Auch Politiker und Journalisten sowie Vertreter von »Opferverbänden« werden nicht müde, zu behaupten, das MfS habe Inhaftierte gefoltert und misshandelt. Lügen werden aber durch stete Wiederholung nicht zu Wahrheiten. Wohl aber bleiben sie »hängen«. Und das scheint auch die Absicht zu sein.

Die Gruselgeschichten aus dem Kabinett Hubertus Knabes bleiben nicht ohne Wirkung. Susanne Fritsche, zum Zeitpunkt des »Mauerfalls« zehn Jahre alt, schrieb 2004: »Die Mauer ist gefallen. Eine kleine Geschichte der DDR.« Sie bekundet selbst, ihr Bild sei nach dem Besuch von »Gedenkstätten« wie Hohenschönhausen entstanden.

»Genau die Sicht des dort residierenden DDR-Hassers Hubertus Knabe legt sich wie ein Grauschleier über alles, was sie dem Leser rückblickend über ihr Leben in der DDR erzählt«, urteilte der Theologe Peter Franz in einer Rezension.[72]

Das Recht wohnet beim Überwältiger,
und die Schranken unserer Kraft sind unsere Gesetze.

Friedrich Schiller
in: Die Räuber

»›Unschuldige‹ unter oftmals unmenschlichen Haftbedingungen«

In ihrer Selbstdarstellung begründet die »Gedenkstätte Hohenschönhausen« die Notwendigkeit ihrer Existenz damit, dass sie an »Unschuldige« erinnert und an Häftlinge, die unter »oftmals unmenschlichen Haftbedingungen« zu leiden hatten.

Das ist ein hehrer Anspruch. Aus ihm müsste folgen, dass das Leiden Unschuldiger und unmenschliche Haftbedingungen vermutlich in allen Staaten der Welt und nahezu jeder Haftanstalt dokumentiert werden müssten. Gibt es außer der Gleichheit vor dem Gesetz auch eine Gleichheit bei der Erinnerung an unschuldige Opfer?

Wenn es so ist, darf festgestellt werden: Die Deutschen sind ein einzig Volk von unschuldigen Opfern, an die in Gedenkstätten zu erinnern ist. Frau Funder, die schon zitierte australische Journalistin, fand in Berlin Frau Sigrid Paul und deren Ex-Mann, die fünf Jahre in Hohenschönhausen eingesessen hatten.[73]

Eines Tages lud Frau Paul die Journalistin zur Besichtigung der Haftanstalt ein. Diese sah ein »Gebäude, umgeben von hohen Betonmauern und Stacheldraht«. Haftanstalten sehen in Australien natürlich anders aus. Sie sah im Hof einen LKW, einen »soliden Stahlkäfig ohne Fenster«, später schloss sie eine Stahltür auf, und Frau Paul half der Phantasie nach: »Sie müssen sich vorstellen, dass hier ein Mann mit einem Maschinengewehr stand«.

Sigrid Paul erzählte Anna Funder auch noch von den Folterkammern der Sowjets, dem »U-Boot« und 68 Zellen, die mit eisigem Wasser bis zum Hals gefüllt werden konnten. So entstand – in der Phantasie – eine »Folterhölle«. Und so schuf die australische Journalistin Anna Funder (Jahrgang 1966) das preisgekrönten Buch »Stasiland«.[74]

Zu den Foltervorwürfen in Hohenschönhausen.

Einer lautete: »Das ist das berüchtigte Stasigefängnis, die Leitanstalt sozusagen. Die Folterkeller sind direkt von den Nazis über die Sowjets an die Stasi übergeben worden. [...] Und da drüben in der Betonfabrik sollen sie die Leichen eingegossen haben«, verkündete die Bezirksbürgermeisterin von Hohenschönhausen. »Nicht zu vergessen«, fügte sie hinzu, »knöcheltief im Wasser haben die Häftlinge dort im berüchtigten U-Boottrakt gestanden.«[75]

Das »U-Boot«, ein »Gebäudetrakt (das Kellergeschoss einer ehemaligen Fabrik) war 1951 durch das MfS von den sowjetischen Besatzungsbehörden leer übernommen worden. Dabei erfolgte weder eine Übergabe von Dokumenten über die Tätigkeit der vorherigen Nutzer noch über die dort zuvor Inhaftierten.

Gegenteilige Behauptungen sind so unwahr wie die unverschämte Feststellung, »Häftlinge seien dort ermordet und ihre Leichen auf dem Gelände beseitigt worden«.[76]

Vor allem anderen aber: Hätten sich nicht BRD-Staatsanwälte und Richter in Ermittlungen und Verfahren gestürzt, wenn auch nur vage Spuren für Folter beim MfS gefunden worden wären? Hätte nicht der Riesenapparat, der angeblich die DDR-Regierungskriminalität zu untersuchen hatte, diesem Thema vorrangig Aufmerksamkeit schenken müssen?

Sieht man von den Fällen ab, wo ohne Rechtsgrundlage angeklagt wurde und schließlich Freispruch oder Verfahrenseinstellung erfolgten, gibt es keinen einzigen Fall einer Verurteilung wegen Ermordung, Folter oder Misshandlung eines Inhaftierten im Untersuchungshaftvollzug des MfS. Und sollte irgend etwas übersehen worden sein, käme § 258 des Strafgesetzbuches in Betracht.

Noch härter sind die Strafen, wenn es sich um eine »Strafvereitelung im Amt« (§ 258 a) handelte, und die wäre hier fällig.

In dem Gespinst von Unterstellungen und Unwahrheiten wird häufig der Städtische Friedhof in der Gärtnerstraße mit der »Gedenkstätte Hohenschönhausen« in Verbindung gebracht.

Auf diesem als »Denkort« gestalteten Friedhof wurden im Dezember 1999 die sterblichen Überreste von 132 Verstorbenen bestattet, die angeblich auf dem Gelände der ehemaligen Untersuchungshaftanstalt und in dessen Umgebung gefunden worden waren. Es bleibt aber unklar, um wen es sich tatsächlich handelte und wodurch ihr Tod verursacht wurde.

Karl-Heinz Reuter, der nach eigenen Angaben 1945 wegen Werwolf-Verdachts inhaftiert worden war, will aus der Erinnerung mit Skizzen damals existente Folterzellen beweisen. Er ließ sich einen Stempel schneiden, der das Datum des 28. Mai 1990 (!) trug. Mit dem »siegelte« er seine Handzeichnung, und dieses »Dokument« wird in Hohenschönhausen allen Ernstes als »Beweis« dafür betrachtet, dass es diese Zelle auch gab.

Obwohl selbst die frühere Leiterin der »Gedenkstätte Hohenschönhausen« Zweifel an der Existenz von »Folterzellen« anmeldete, sahen weder sie noch ihr Nachfolger bisher Anlass, auf die offenkundige Geschichtsfälschung zu verzichten.

Im Vorfeld der Auflösung des MfS wurden durch Bürgerrechtler alle Untersuchungshaftanstalten in Augenschein genommen und kontrolliert. Es wurden weder Folterzellen gefunden noch Personen ermittelt, die deren Existenz glaubhaft bezeugen konnten.

Noch einmal: Die in Hohenschönhausen gezeigten wurden erst nach 1990 installiert. Also: Kein einziger

Fakt, der Folterpraxis in Hohenschönhausen bestätigen könnte. Hinzu kommt: Die Haftanstalten der DDR wurden ständig von BRD-Diensten kontrolliert, BRD-Diplomaten besuchten die Inhaftierten regelmäßig.

Mitarbeiter von Auslandsvertretungen – und eben nach 1974 auch die der Ständigen Vertretung der BRD in der DDR – führten eine Vielzahl von Gesprächen mit von ihnen betreuten Beschuldigten in den UHA des MfS. Die Mitarbeiter der Ständigen Vertretung der BRD beantragten von 1974 bis 1989 insgesamt 3.400 Besuche bei inhaftierten Beschuldigten. Alle Anträge wurden genehmigt. Es gibt keine Aufzeichnungen über Beanstandungen in dieser Zeit.

Auch von den rund 32.000 Inhaftierten, die auf der Grundlage der getroffenen Vereinbarungen in die BRD entlassen wurden – der Ordnung halber sollte erwähnt werden, dass die Praxis finanzieller »Vergütungen« für Entlassungen durch einen Vorschlag kirchlicher BRD-Kreise zustandekam –, sind keine erwähnenswerten Beschwerden in dieser Richtung bekannt geworden. Dass solche Vorwürfe als »Beweise« für die »unmenschliche« Haltung der DDR für die konstante antikommunistische Hetze schon vor 1990 genutzt worden wären, liegt auf der Hand.

Es ist bekannt, dass in der Regel alle jemals beim MfS Inhaftierten, die danach in die BRD ausreisten, über ihre Haftzeit und Haftbedingungen auch von Geheimdiensten und anderen staatlichen Stellen intensiv befragt wurden. Auch die umfangreichen Akten der Zentralen Erfassungsstelle Salzgitter waren im Zusammenhang mit dem MfS wenig aussagefähig.[77]

Hinzu kommt, dass Inhaftierte einen Verteidiger ihrer Wahl bestimmen konnten, um sich gegen falsche Beschuldigungen zu wehren.

Zur Illustration eine Passage aus den Erinnerungen von dem in der DDR und in der BRD bekannten Rechtsanwalt Friedrich Wolff: »Einen Tag nach der Akteneinsicht suchte ich meinen Mandanten in der UHA des MfS in der Magdalenenstraße in Berlin-Lichtenberg auf. Das Regime war äußerst diszipliniert und disziplinierend. Von der Atmosphäre des einstigen Amtsgerichtsgefängnisses war nichts mehr zu spüren. Alles verlief ruhig, höflich und distanziert – auch wenn man sich über Jahr und Tag kannte.

Die äußeren Bedingungen bei Mandantengesprächen waren Weltspitze: In keinem anderen ausländischen Gefängnis, das ich kannte, wurde Gleiches geboten. Zeitliche Beschränkungen gab es für die Unterredungen (*mit Beschuldigten – H. Sch.*) nicht.«[78]

Aber ungeachtet aller Tatsachen wurden die Legenden über Hohenschönhausen konsequent weiter verbreitet.

Als der *SFB* am 29. November 2002 in seinen Abendnachrichten über den Auftritt des Thomaner-Chores in der »Gedenkstätte Hohenschönhausen« berichtete, wurde der staunenden Öffentlichkeit auch eine der »rekonstruierten« Wasserfolterzellen gezeigt. Die Häftlinge hätten sich über einen eimerähnlichen Trog beugen müssen, während aus einem Gefäß Wasser auf ihren Kopf getropft sei.

Diese Geschichte wird täglich erzählt. Ein gewisser Peter Hellström, der die Führung zum Beispiel am Nachmittag des 7. Juli 2004 leitete, offenbarte den Anwesenden allen Ernstes, dass schon Karl May beschrieben hätte, wie Menschen durch dieses Tropfverfahren in den Wahnsinn getrieben worden seien.

Jeder halbwegs Literaturkundige weiß, dass Karl Mays Texte ausnahmslos der Phantasie entsprangen und er schon deshalb als Kronzeuge kaum in Frage kommt. Man hatte in Hohenschönhausen keine Hemmungen den May-Text ins Feld zu führen: »»… bindet ihn anders, so dass er auf dem Rasen sitzt und mit dem Rücken an dem Stamme lehnt. Bindet ihm auch den Kopf fest, so dass er ihn nicht um ein Haar bewegen kann.‹

Während die beiden Indianer dieser Weisung gehorchten, holte ich den hohlen Teil eines Tagoarabambus herbei, welcher in der Nähe lag und wohl als kleines Wassergefäß benutzt worden war. Dieser hohle Cylinder war vielleicht zehn Centimeter im Durchmesser. Ich arbeitete mit der Messerspitze ein kleines Löchelchen durch den Boden und verschloss dasselbe dann mit einem Holzpflöckchen in der Weise, dass das Wasser nur in einzelnen, langsamen Tropfen hindurchquellen konnte.

Der Diener musste das Gefäß mit Wasser füllen, und dann wurde es hoch über dem Kopfe des Yerno an den Stamm gehängt. Ich hatte es so getroffen, dass vielleicht alle vier Sekunden ein kleiner Tropfen drei Ellen hoch auf die Mitte des Schädels des Yerno fiel. Dann rasierte ich mit der Schärfe meines Bowiemessers das Haar von dieser Stelle …

›Diese Wassertropfen sollen das erwirken, was die Prügel nicht zustande gebracht haben?‹

›Ja, das werden sie!‹ …

›Nennen Sie das Gefühl, welches der Tropfen hervorbringt, einen Schmerz?‹

›Nein, aber eine unausgesetzte Folge von Tropfen, welche nacheinander auf ein und dieselbe Stelle fallen, bringt eine Wirkung hervor, mit welcher sich kein anderes Schmerzgefühl vergleichen lässt. Die Wirkung muss, wenn sie nicht rechtzeitig unterbrochen wird, unbedingt zum Wahnsinn führen. Haben Sie noch nicht gehört, dass die amerikanischen Sklavenbesitzer diese schreckliche Strafe gegen ungehorsame Schwarze oft und viel in Anwendung brachten?‹

›Nein.‹

›Nun, ich bin Zeuge solcher Vorgänge gewesen. Ich habe einen Neger und eine Negerin, seine Frau, in der sogenannten Tropfhütte sitzen sehn, beide waren so gefesselt, dass sie weder ein Glied, noch den Kopf bewegen konnten, und die Tropfen fielen ihnen in regelmäßigen

Intervallen auf die Köpfe. Sie brüllten wie wilde Tiere, und der Schaum triefte ihnen über die Lippen. ... Gesehen habe ich da, welche entsetzliche Wirkung die Tropfhütte oder der Tropfstuhl hat. Es wird keine Stunde vergehen, so können Sie die Wirkung an dem Yerno beobachten.‹ ...

Über die Züge des Gefangenen ging ein höhnisches Zucken, als ob er sagen wolle, dass das Peitschen ja schon einmal nichts gefruchtet habe, und dass er sich auch jetzt aus den Prügeln nichts machen werde. Aber der Hohn verschwand ebenso schnell, wie er gekommen war. Der Yerno kämpfte bereits mit aller Kraft gegen die sichere, unausbleibliche Wirkung der Wassertropfen. ... Die Töne, welche er ausstieß waren, nicht zu beschreiben. ›Men! Nehmen Sie das verdammte Wasser weg!‹

Das war nicht die Art und Weise, welche mich hätte bewegen können, ihm den Willen zu tun. Aber der Desierto schob das Gefäß zur Seite.

›Geben Sie mir die Hände frei!‹ fuhr der Yerno fort. ›Ich muss an meinen Kopf greifen, ich muss!‹

›Soll ich?‹ fragte der Alte, indem er sich bereits bückte, um das an ihn gerichtete Verlangen zu erfüllen.

›Nein‹, antwortete ich, indem ich ihn auf die Seite schob. ›Er mag erst gestehen.‹

Das Gesicht des Yerno hatte jetzt ein erdfahles Aussehen, seine Lippen waren blutig gebissen, und vom Blute strotzten die Adern seiner Augen.

Bei diesen Worten schob ich das Gefäß wieder an die vorige Stelle, so dass die Tropfen ihn wieder auf den Kopf trafen.

›Nur das nicht‹, schrie er auf. ›Nur das nicht wieder! Nehmen Sie das Wasser weg! Ich will ja gestehen. Aber das Wasser weg!‹«[79]

Ohne Museologen und Historiker zu konsultieren, hat die Berliner Senatsverwaltung für Wissenschaft, Forschung und Kultur die von Reuter Karl May nachempfundene Foltereinrichtung 1993 im ehemaligen »U-Boot« zum Teil nachbauen lassen. Aufgrund der intensiven emotionalen Wirkung prägen diese Installationen, denen wegen deren Realitätsferne selbst Reuter skeptisch gegenübersteht, das Bild Tausender Gedenkstättenbesucher von der Untersuchungshaft unter NKWD/KGB und MfS maßgeblich.[80]

Und in die Fußnote 74 verbannte Peter Erler die Abschrift eines Interviews mit »Zeugen« Jöris vom 13. Dezember 1996: »Quellenkritisch soll angemerkt werden, dass Jöris die im Interview erwähnte Zelle als Karzer und nicht als Folter-, Wasser-Tropfzelle bezeichnet. Es muss auch berücksichtigt werden, dass Jöris im August 1996 erstmalig die Gedenkstätte Berlin-Hohenschönhausen besuchte und dort die Nachahmungen der Folteranlagen in den Zellen sah. In den Protokollnotizen der ABS-Brücke vom 12. und 14. August 1996 wird im Gegensatz zum Interview noch behauptet, dass Jöris stundenweise der Tropffolter ausgesetzt war. In einem weiteren Gespräch mit einem Historiker aus der Schweiz am 30. Januar 2002 findet die Wasserfolter überhaupt keine Erwähnung.«[81]

Peter Erler hält, offensichtlich anders als Knabe, Skepsis gegenüber den Berichten solcher Art »Zeugen« für angebracht. Er vermerkt in Fußnote 75: »Einige Zeitzeugen haben gegenüber dem Autor mehrfach zum Ausdruck gebracht, dass sie die Angaben Reuters hinsichtlich der Folterzellen für unrealistisch halten.«

Derjenige, dessen Angaben zur Rekonstruktion des »U-Bootes« als Clou der Ausstellung geführt haben, steht dem Prachtstück eines Folterinstrumentes »skeptisch« gegenüber.

Die in einschlägigen UNO-Dokumenten festgelegten Regeln für Gefangene und die völkerrechtlich verbindliche Bestimmung: »Niemand darf der Folter oder grausamer unmenschlicher oder erniedrigender Behandlung oder Strafe unterworfen werden«, wurden durch die Mitarbeiter des Untersuchungsorgans und des Untersuchungshaftvollzugs des MfS im Umgang mit Beschuldigten eingehalten.

Der Vollzug der Untersuchungshaft in den UHA des MfS stand also zu keinem Zeitpunkt im Widerspruch zur internationalen Praxis. Niemals gab es Anlass für offizielle Interventionen der UNO oder anderer zwischenstaatlicher Organisationen oder Gremien.

Dies festzustellen scheint geboten, denn solche Interventionen und Anlässe hierfür gab und gibt es in Bezug auf die Bundesrepublik.

Wes' Brot ich ess', des' Lied ich sing'.

Deutsches Sprichwort

Über die Legenden von der »Strahlenkanone«, die Arbeitslager und den »psychischen Terror«

Eine der übelsten Legenden ist die Behauptung, die Staatssicherheit habe »Strahlenkanonen« eingesetzt, um missliebige politische Gegner auszuschalten. Auch in der *MDR*-Reportage vom 10. November 2004 »Zentrale des Terrors« wurde ein Strahlungsgerät gezeigt und der Tod von Jürgen Fuchs, der an Blutkrebs verstorben war, damit in Zusammenhang gebracht. Diese Story ist nicht neu, aber ihre Wiederholung trotz öffentlicher Widerlegung ist infam.

Einige Personen meldeten sich wie üblich in der Öffentlichkeit als »Zeitzeugen«, nachdem sie Bilder und Publikationen über Strahlungsgeräte in den Medien gesehen hatten, und erklärten, auch sie seien mehrere Stunden einer Verstrahlung ausgesetzt gewesen.

Ein solcher »Zeitzeuge, er führt Besuchergruppen durch die »Gedenkstätte Hohenschönhausen«, meldete sich hierzu in einem Beitrag in der *Welt* vom 8. November 1999 zu Wort. Es habe ihn nicht wirklich überrascht, als er nach dem Tod des Schriftstellers Jürgen Fuchs von dem Gerücht einer »Röntgenkanone« hörte. Auch er saß mehrmals auf dem Fixierstuhl im Raum für »Erkennungsdienstliche Behandlung«. Heute hat er das Gefühl, er habe damals so ein leises Brummen gehört. Außerdem begann in dieser Zeit seine Nase zu bluten. Schon mehrmals hat er sich beim Arzt untersuchen lassen. Der hat ihn immer wieder beruhigt: »Sie sind kerngesund.«

Die Autoren der *MDR*-Reportage handelten nicht aus Unwissenheit, sie konnten den Vorgang ohne Schwierigkeiten prüfen.[82]

Am 17. Mai 1999 hatte *Der Spiegel* geschrieben: »Mehrere Krebsfälle bei ehemaligen DDR-Dissidenten haben den Verdacht aufkommen lassen, die Staatssicherheit habe Oppositionelle in der Haft strahlenverseucht.« Der Leiter der »Gedenkstätte Hohenschönhausen«, offenbar Experte auch in der Strahlenmedizin, schrieb über dieses Thema im *DeutschlandArchiv* 4/1999. Als »Beweis« galt, dass 1989 bei der Auflösung der Bezirksverwaltung des MfS in Gera ein Durchleuchtungsgerät gefunden wurde. Da Jürgen Fuchs und Rudolf Bahro an Krebs gestorben waren, wurde die »Vermutung« kolportiert, beide seien in Hohenschönhausen »verstrahlt« worden. Bei sorgfältiger Recherche hätten die Urheber solcher »Vermutungen« feststellen können, dass zu dem Zeitpunkt, als Jürgen Fuchs – 1976 – und Rudolf Bahro – 1978 – in Hohenschönhausen in Untersuchungshaft saßen, es diese Geräte noch nicht gab.

In seinem Gerichtsverfahren gegen seine damaligen Ankläger brachte Bahro laut *Berliner Zeitung* u. a. zum Ausdruck: »Meine Haft kann ich nicht unter Unrechtsstaat verbuchen.« Und an anderer Stelle: »So erklärt sich auch, warum der 60-Jährige den Prozess als ›Siegerjustiz‹ empfindet. Ohne den Sieg des Kapitalismus gäbe es diese Veranstaltung nicht.«

Den Angeklagten bescheinigte Bahro, sich korrekt verhalten zu haben. Die Haft habe keine psychischen und physischen Folgen hinterlassen.

»Durchleuchtungsgeräte« wurden erst Anfang der 80er Jahre eingeführt, um Effekten Inhaftierter zu kontrollieren. Dabei stützte sich das MfS auf Erfahrungen der Zollverwaltungen und wissenschaftlicher Experten. Übrigens wurde die Arbeit mit diesen Geräten 1987/88 wieder eingestellt, weil die erreichten Ergebnisse nicht den Erwartungen entsprachen.

Die kritisierten Durchleuchtungsgeräte werden weltweit u. a. bei Sicherheitskontrolle auf Flughäfen eingesetzt, ohne dass (bisher) behauptet wird, dass Flugreisende dort eine tödliche Strahlung bekommen hätten.

Die *junge Welt* fragte am 25. Mai 1999 nicht grundlos: »Aber warum ist die These vom ›Fuchsmord‹ als Variante real existierenden Irrsinns überhaupt in den öffentlichen Umlauf gekommen? Autoren und Redakteure hätten zum Zwecke des Vergleichs sich doch über die Praxis in westlichen Haftanstalten erkundigen können, zum Beispiel über die in Berlin-Moabit. Dort war es in den 70er und 80er Jahren gang und gäbe, die Habe einer speziellen Gruppe von Gefangenen regelmäßig zu durchleuchten. Nachdem ehemalige leitende Offiziere der zuständigen Diensteinheiten des MfS diese Anschuldigungen öffentlich energisch zurückwiesen und sich der Staatsanwaltschaft als Zeugen angeboten hatten, wurden die Urheber der Verleumdungen und die kolportierenden Medien in der Sache merklich ruhiger.«

In der *MDR*-Reportage »Zentrale des Terrors« wurden Arbeitslager erwähnt und behauptet: Strafgefangene mussten dort für die »Stasi« arbeiten. Auch das gehörte also aus der Sicht der Filmemacher zum »System des Terrors«. Was stimmte daran?

Es gab Strafgefangenen-Arbeitskommandos.[83] Das waren Arbeitskommandos in der Stärke von zehn bis 20 Strafgefangenen, die zu Werterhaltungs- und Instandhaltungsarbeiten eingesetzt wurden. Die Arbeitskommandos waren keine zusätzlichen oder ungesetzlichen Schikanen der Organe der Staatssicherheit, sondern eine Einrichtung, die den Interessen der Strafgefangenen diente. Wie auch in anderen Strafanstalten der DDR wurden die Verurteilten auf die Wiedereingliederung in das gesellschaftliche Leben vorbereitet. Es gab einen Kommandorat, der die Selbstverwaltung des Strafvollzugskommandos wahrnahm. Ihm oblag, die Arbeit zu organisieren, geistig-kulturelle Bildung zu fördern und die Rechte und Pflichten von Strafgefangenen durchzusetzen. Die Organisationsformen änderten sich mehrfach, aber das Prinzip erwies sich als nützlich. Das war dadurch bewiesen, dass sich Strafgefangene bemühten, in Arbeitskommandos aufgenommen zu werden.

Auch der »moderne« Strafvollzug übernahm internationale Erfahrungen aus der Praxis, Strafgefangene arbeiten zu lassen.

Eine notwendige Klarstellung zu den angeblichen »Stasi-Sondergefängnissen«: Strafvollzugsanstalten unterstanden nicht dem MfS. Für diese war das Ministerium des Innern, Hauptverwaltung Strafvollzug, zuständig. Auch die Strafvollzugsanstalt »Bautzen II«, häufig als »Stasi-Gefängnis« bezeichnet, war zu keiner Zeit eine Strafvollzugsanstalt des MfS. Das musste auch der ehemalige Landesbeauftragte der BStU im Freistaat Sachsen Siegmar Faust in einem Interview mit der Zeitung *Neues Deutschland* einräumen. Und er unterstrich, dass sich daran auch nichts ändere, »nur weil sich manche Leute einbilden, in Mielkes Privatknast gesessen zu haben«.

Ein weiterer Vorwurf gegenüber den Mitarbeitern der Untersuchungsbehörden in Hohenschönhausen besteht in der Behauptung, die Vernehmer und Vollzugsangestellten hätten »psychischen Terror« ausgeübt und damit Geständnisse Unschuldiger erpresst. In der besagten Reportage wurde ein Ausschnitt aus einem MfS-Lehrfilm dargestellt, in dem eine Frau ihre Unschuld gegenüber dem Vernehmer beteuert. Der Lehrfilm sollte zeigen, was der Vernehmer tun sollte und könnte. Über die Ziele, Methoden und Ergebnisse von Vernehmungen wird unter Experten gestritten, und in jedem Kriminalfilm kann der Zuschauer Unterschiedliches, ja sogar Fürchterliches erleben.

Hier geht es aber um die rechtlichen und praktischen Fragen in der Tätigkeit von Vernehmern des MfS. Daraus ergibt sich[84]: Die Untersuchungstätigkeit durch das MfS erfolgte auf der Grundlage derselben gesetzlichen Regelungen wie für die Polizei und den Zoll im Rahmen der Strafprozessordnung der DDR. Es gab für das MfS keine Sonderrechte und keine Befehle oder Weisungen, die den Gesetzen widersprachen. Zu den Aufgaben der Untersuchungsorgane gehörte zwangsläufig die Aufklärung von Straftaten, zu denen Spionage, Sabotage und Diversion gehörten. Die Zuständigkeit des MfS war gesetzlich geregelt.[85] Sie betraf nach den Statuten von 1953 und 1969:

• Vorbereitung und Durchführung von Aggressionskriegen, Anwerbung von DDR-Bürgern für kriegerische Handlungen, Kriegshetze, völkerrechtswidrige Verfolgung von DDR-Bürgern, Verbrechen gegen die Menschlichkeit, Kriegsverbrechen, faschistische Propaganda, Völker- und Rassenhetze.

• Hochverrat, Spionage, landesverräterische Agententätigkeit, Terror, Diversion, Sabotage, staatsfeindlicher Menschenhandel, staatsfeindliche Hetze und Militärstraftaten, soweit sie von sicherheitspolitischer Relevanz waren. (Militär- und Straftaten der allgemeinen Kriminalität klärten Untersuchungsführer der Militärstaatsanwaltschaft auf, die in Truppenteilen stationiert waren.)

• Straftaten der allgemeinen Kriminalität (wie Straftaten gegen die staatliche Ordnung gemäß 8. Kap. StGB/DDR), die durch ihre Umstände oder Auswirkungen Fragen der staatlichen Sicherheit tangierten. Mit Genehmigung des Staatsanwalts konnten Ermittlungen solcher Art von Untersuchungsorganen des MdI oder von der Zollverwaltung der DDR übernommen bzw. an diese übergeben werden.

• Und schließlich waren die Diensteinheiten der Abteilung IX auch zuständig für Straftaten von hauptamtlichen Mitarbeitern des MfS und von IM, wenn diese der Begehung von Straftaten im Zusammenhang mit ihrer Tätigkeit für das MfS verdächtigt waren.

Solche Delikte sind üblicherweise Straftatbestände in allen Staaten und müssten auch in »demokratischen« Staaten untersucht und geahndet werden, ebenso wie im »totalitären System« der DDR und deren »Terrorzentrale« Hohenschönhausen.

Dass dabei auch konspirative Mittel, heute zum Beispiel »verdeckte Ermittler« und elektronische Mittel, eingesetzt werden, müssten auch Kritiker des MfS wissen.

Für die Untersuchungsorgane des MfS gab es einige Bestimmungen, die sich vorteilhaft von heutigen Praktiken unterscheiden. So war zum Beispiel die Zeit für Ermittlungen auf acht Wochen begrenzt, heute können dies Jahre sein, wie es Oberst Dr. Hillenhagen am eigenen Leibe erfuhr und es in »Sturm auf die Stasi in Sachsen« beschrieb.

Jeder Verdacht musste erst gründlich geprüft werden, ehe ein Ermittlungsverfahren eingeleitet werden durfte. Heute beginnt der Rufmord schon häufig vor der Ermittlung. Bei nicht ausreichender Beweislage wurden die Ermittlungen eingestellt, ehe sie den Justizorganen übergeben wurden.

Auch für die Vernehmung selbst gab es Vorschriften. »Die tägliche Vernehmung dauerte etwa vier bis sechs Stunden unter Einhaltung anstaltsüblicher Essenspausen.«[86]

Natürlich hing es auch vom Geschick des Vernehmers, seinen psychologischen Fähigkeiten und praktischen Erfahrungen ab, wie eine Vernehmung verlief und welche Ergebnisse sie brachte.

Die »psychische Folter«, was immer darunter verstanden wird, ist von Häftlingen nicht bezeugt worden. Es wäre auch für keinen Vernehmer ratsam gewesen, etwas Ungesetzliches zu tun. Selbst im Falle einer Verurteilung musste jeder beteiligte Mitarbeiter damit rechnen, dass der Betroffene früher oder später in die Bundesrepublik kommen und ihm dort eine »Helden«- oder Märtyrerrolle zukommen würde. Obwohl in Salzgitter eigens zu diesem Zweck eine Behörde eingerichtet wurde, solche Fälle zu erfassen, ist bisher kein Zeuge »psychischer Folter« gefunden worden.

Die mehrjährige Tätigkeit von Untersuchungskommissionen besonders in dem Haft-Krankenhaus Waldheim und die gesondert von der Gauck/Birthler-Behörde angefertigten Studien erbrachten keine Beweise für einen Missbrauch durch das MfS.

Die Gauck/Birthler-Behörde beziffert die Gesamtzahl der Ermittlungsverfahren des MfS von 1952 bis 1988 auf etwa 88.000. Und niemand klagte wegen erlittener Folter.

Das hindert »willige« Journalisten nicht, Gräuelgeschichten zu produzieren. So meldete die *Berliner Morgenpost* am 23. März 2001, dass von der Gründung bis zum Untergang der DDR angeblich bis zu einer Million politisch Verfolgter den Repressionen des SED-Regimes ausgesetzt gewesen seien. Mehr als 2.500 Häftlinge seien in den »Stasi-Gefängnissen« ermordet worden und Tausende hätten ihrem Leben selbst ein Ende gesetzt. Den Wahrheitsbeweis trat sie bis heute nicht an. Eine Anklage wegen eines dieser vielen »Morde« gibt es nicht.[87]

So tragisch und bedauerlich es ist: In der Untersuchungshaftanstalt Hohenschönhausen nahmen sich zwischen 1951 und 1989, also in den fast vier Jahrzehnten DDR-Geschichte, lediglich sechs Inhaftierte das Leben, in allen Untersuchungshaftanstalten des MfS zusammen gab es 14 dokumentierte Selbsttötungen.

Zum Vergleich: Auf eine kleine Anfrage der Abgeordneten von Bündnis 90/Die Grünen an den Berliner Senat über den »Tod im Knast« vom 1. Januar 2001 erging folgende Antwort: Allein in den Justizvollzugsanstalten Berlins kam es in den Jahren von 1994 bis 2001 zu 52 Selbsttötungen.

In der Untersuchungshaftanstalt für erwachsene Männer in Berlin-Moabit sind von 1991 bis 2000, also in zehn Jahren, 28 Selbstmorde zu registrieren gewesen, davon 15 in den ersten vier Tagen ihrer Haft.[88]

Da in den UHA des MfS keine Morde oder durch Folter zu Tode gekommene Untersuchungshäftlinge nachzuweisen waren, mussten dafür Selbstmörder herhalten wie der Jenaer Domaschk.

In Jena findet sich eine Matthias-Domaschk-Straße. Sie erhielt ihren Namen nach der Einverleibung der DDR in die BRD. Da kaum jemand mit diesem Namen etwas anzufangen weiß, wurde ein Zusatzschild angebracht. Darauf kann man lesen: »Der Jenaer Matthias Domaschk, geb. am 12. Juni 1957, kam am 12. April 1981 in der Untersuchungshaft des Ministeriums für Staatssicherheit unter ungeklärten Umständen zu Tode.«

Mit diesem Text werden der Phantasie und Lüge keine Grenzen gesetzt. Ganz im Gegenteil: Er soll dazu anregen, an ein »Stasi«-Verbrechen zu denken.

Zum Sachverhalt selbst: Domaschk wurde in einem Geraer Dienstgebäude des MfS zur Klärung eines Sachverhaltes befragt. Nach Abschluss der Befragung sollte er mit einem Dienstfahrzeug in seine Wohnung gebracht werden. Bis zur Bereitstellung des PKW nahm er in einem Besucherzimmer Platz. Für seine Bewachung gab es keinen Grund. Das Alleinsein nutzte er, um sich im Besucherzimmer zu töten. Niemand hatte sich an ihm vergangen. Es war zweifelsfrei ein Selbstmord. Nachwende-Juristen leiteten ein Ermittlungsverfahren gegen Unbekannt ein. Trotz aller Bemühungen der »Regierungskriminalitätsbekämpfer« war aus der Sache kein »Stasi-Verbrechen« zu konstruieren. Das Verfahren wurde eingestellt.

Im November 2000 kam es zum letzten Prozess. Die Strafanzeige der Freiheitsberaubung mit Todesfolge wies die zuständige Staatsanwaltschaft Gera ab, da aus den vorhandenen Indizien, die gegen Suizid sprachen, weder eine von außen herbeigeführte Todesfolge noch eine eindeutige Rechtsbeugung nachgewiesen werden könne.

Meinungsfreiheit als Lügenfreiheit? Im Interesse der Stärkung der Demokratie? Karli Coburger und Dieter

Skiba machten auf einen interessanten und entlarvenden Wandel in der Wahrnehmung aufmerksam: »Wenn in der Zeit des Kalten Krieges bundesrepublikanische und Westberliner Medien auf Ergebnisse der in der DDR gegen Spione, Saboteure und andere Agenten durchgeführten Strafverfahren und ergangene Urteile der Gerichte der DDR reagierten, dann zumeist mit der verlogenen Behauptung, dies sei alles nur Propaganda, die Prozesse seien Ausdruck einer Schein- und Terrorjustiz, die gegen Unschuldige geführt wurden.

Seit der ›Beitrittszeit‹ nimmt allerdings die Zahl jener in der DDR rechtmäßig Verurteilten zu, die sich ihrer Mittäterschaft am Untergang der DDR rühmen und in die Reihen der ›Sieger‹ drängen. Sie rühmen sich in den Medien ihrer Verbrechen gegen die DDR. Einige wurden als Zeugen in Verfahren gegen DDR-Richter, Staatsanwälte und Untersuchungsführer aufgeboten. Sie bestätigten ihre gegen die DDR gerichtete Spionage und Agententätigkeit, bagatellisierten ihre Gesetzesbrüche oder/und ›entschuldigten‹ ihre damaligen Einlassungen und Erklärungen vor DDR-Justizorganen, dass sie angeblich keine andere Chance gehabt hätten, weil ›die ja sowieso schon alles wussten‹.«

Nach 1989 ergab sich eine merkwürdige Metamorphose. Nicht wenige Nazi-Kriegsverbrecher, die zu Recht von sowjetischen Organen (wie auch von Westalliierten) bzw. in der DDR verurteilt worden waren, verwandelten sich in »Opfer des Stalinismus«, wenn sie in der Sowjetunion oder der DDR ihre Strafe verbüßt hatten.

Unter bestimmten Bedingungen wurden sie sogar rehabilitiert und/oder in Gedenkstätten zur Erinnerung an die »zwei Diktaturen in Deutschland« geehrt.[89]

Dazu wird es noch manche Recherche geben.

Das eben ist der Fluch der bösen Tat,
dass sie fortwährend Böses muss gebären.

Friedrich Schiller, in: Die Piccolomi
(Wallenstein-Trilogie)

Bubenstück um den »Grotewohl-Express«

Auf einen Akt scheint der Direktor der Gedenkstätte Hohenschönhausen besonders stolz zu sein,:den Erwerb und die Ausstellung des »Gefangenentransportwaggon (GSTW) der Deutschen Reichsbahn«.

In der Nacht vom 11. zum 12. März 2004 wurde mit Hilfe von Schwerlast-Kränen ein Waggon der Deutschen Reichsbahn, der zu DDR-Zeiten dem Transport von Häftlingen diente, auf das Gelände der ehemaligen MfS-Untersuchungshaftanstalt in Berlin-Hohenschönhausen gehievt, nachdem das Vorhaben gescheitert war, das Objekt in Bautzen unterzubringen. Der Vorgang war von einem orchestrierten Mediengetöse begleitet. In der Regel wurde in verleumderischer Absicht vom »Grotewohl-Express« gesprochen. Der Direktor der Gedenkstätte Normannenstraße bezeichnete den Waggon »als Abbild der angeblich demokratischen Gesellschaft«.[90]

Ein Herr Götz nannte den Zug »DDR-Knastwagen«.[91]

In der pluralistischen Medienlandschaft ist noch mancher andere diffamierende Begriff für diesen Waggon zu entdecken. Haben die »unabhängigen« Journalisten vor ihrem Erguss auch recherchiert?

In der Pressemitteilung der Gedenkstätte (ohne Datum) hieß es zu diesem Vorgang unter anderem: »Auf dem Gelände der Gedenkstätte Berlin-Hohenschönhausen erfolgte am Freitag, 12. März, die Aufstellung des letzten erhaltenen Gefangenensammeltransportwaggons (GSTW) der DDR.

Mit dem sogenannten ›Grotewohl-Express‹, benannt nach dem ersten Ministerpräsidenten der DDR, Otto

Grotewohl, erfolgte bis 1989 die Verlegung von Gefangenen zwischen den zahlreichen ostdeutschen Haftanstalten. Die Häftlingstransporte wurden von der Deutschen Reichsbahn im Auftrag des Innenministeriums bzw. der Staatssicherheit durchgeführt. Viele politisch Verfolgte wurden auf diese Weise durch die DDR transportiert.

Das SED-Regime hatte den Bestand aus der Hitlerzeit bzw. aus den Händen der sowjetischen Besatzungsmacht übernommen. Durch die vielfältige staatliche Repression ergab sich jedoch bald ein zusätzlicher Bedarf an Fahrzeugen. Der zukünftig auf dem Gelände der Gedenkstätte zu sehende GSTW wurde von der Deutschen Reichsbahn im Auftrag des DDR-Innenministeriums Anfang der 80er Jahre gebaut und war bis 1989 in Betrieb. Bis zur Wiedervereinigung 1990 waren noch fünf dieser Fahrzeuge im Einsatz.

Die Transportbedingungen in dem Grotewohl-Express waren menschenunwürdig. Die Fahrt dauerte – je nach Route – von einigen Stunden bis zu mehreren Tagen. Den Häftlingen stand während dieser Zeit nur ein hölzerner Klappsitz auf kleinstem Raum zur Verfügung. Vier Personen teilten sich eine 1 m x 1,3 m große Zelle. Bei 18 Zellen konnten so insgesamt über 70 Menschen transportiert werden.

Während der Fahrt wurden den Häftlingen die Handschellen nicht abgenommen. Körperliche Bewegungen waren in der Enge fast unmöglich. Oft stand der Zug stundenlang auf einem Abstellgleis, im Sommer in brütender Hitze ohne Ventilationssystem. Im Winter konnte der abgekoppelte Wagen nicht beheizt werden.«

Der Autor der Mitteilung behauptet auch, die Häftlinge hätten nicht sprechen und lachen dürfen, hätten verschmutzte Toiletten benutzen müssen und seien im »Ringverkehr« meist nachts transportiert worden. Scheinbar eine besondere Schikane: Das Wachpersonal habe die

Gefangenen im Zug unter Kontrolle gehalten. (In Haftanstalten »freier« Länder scheinen Häftlinge nicht bewacht zu werden.)

Was die Pressemitteilung völlig unterschlägt: Der ausgestellte Waggon hatte mit Hohenschönhausen *nie* etwas zu tun.

Es waren »Bautzen-Häftlinge«, deren Taten gerühmt werden: »Zwei ehemalige DDR-Häftlinge machten sich, zusammen mit dem Opfer-, Förder- und Dokumentationsverein Bautzen II, 1995 auf die Suche nach den Gefangenenwaggons. Mit Hilfe der Deutschen Bahn AG wurden sie im Ausbesserungswerk Wittenberge fündig. Die verbliebenen Waggons sollten hier zu Bürowagen umgebaut werden, was durch Intervention des damaligen Vorstandsvorsitzenden der Deutschen Bahn AG in letzter Minute verhindert wurde. Mit Hilfe von Spenden konnte der Verein einen der Waggons erwerben. Er überließ ihn der Gedenkstätte Berlin-Hohenschönhausen zum symbolischen Preis von einem Euro. Mit der ehemaligen zentralen Untersuchungshaftanstalt des Ministeriums für Staatssicherheit wurde nun ein geeigneter Ort gefunden, wo der Waggon dauerhaft an den Umgang der SED mit ihren Gefangenen erinnert.«

Hoffentlich wurde der Vorstandsvorsitzende der Bahn AG gebührend belohnt.

Damit die Torturen, die auf dem Bahntransport zu erleiden waren, auch über die Medien Wirkung haben können, wurden Berichte von »Zeitzeugen« angefügt.

Edda Schönherz wurde »reingestopft«, im wahrsten Sinne des Wortes! Hartmut Richter fasste auf der Fahrt den Entschluss zur Flucht in den Westen. Reiner Dellmuth bekam nur ein Brötchen in die Hand gedrückt und musste sich mit Malzkaffee begnügen. Gustav Rust erinnert sich: »Wenn man versucht hätte einzunicken oder was, dann wurden die Köpfe zusammengehauen.« Der erste Satz ist Konjunktiv, der zweite Indikativ. Was ist richtig? Rudolf Schröder kann sich nur noch dunkel daran erinnern, ob er nun drei, dreieinhalb oder vier Tage unterwegs war. Christa Gross-Feurich war auf dem Weg von Dresden bis Bautzen gar unter Männern, aber durch ein Gitter von ihnen getrennt.

Was ist an der Geschichte und den Geschichten dran, wenn sie von den zweckbestimmten Horror-Erinnerungen befreit werden?[92]

Seit April 1998 existiert in der »Stiftung Sächsische Gedenkstätten« eine Studie, die von der Gedenkstätte in Auftrag gegeben worden ist und vom Steuerzahler finanziert war.

Dr. Jan-Henrik Peters schrieb über »Einsatzgeschichte und Möglichkeiten der musealen Nutzung des Gefangenentransportwagens der Deutschen Reichsbahn«. Damals wollte das »Bautzen-Komitee« den Wagen nach Bautzen haben, obwohl er dort nicht »zu Hause« gewesen war. Rainer Dollmuth hatte 1997 unter dem Titel »Ja, das ist der Grotewohl-Express«[93] geschrieben und damit den Druck der »Opfer des Stalinismus« erhöht.

Was also fand Dr. Peters?

Solche Zellenwagen gibt es in Deutschland seit den 80er Jahren des 19. Jahrhunderts (als »Bismarck-Express«?, in der BRD auch in der Ära Adenauer. Bis in die 60er Jahre verkehrten 14 Gefangenenzüge. Seitdem werden für Häftlingstransporte Kraftfahrzeuge benutzt.

In der DDR liefen fünf solche Züge, von denen der dritte – wenn auch schadhaft – erhalten ist.

Aus Kostengründen wurden Häftlinge in »Ringen« von einer »zentralen Transportleitstelle« in Magdeburg transportiert.

Das Modell, das jetzt Museumsstück ist, wurde 1978 als »langer Halberstädter« konstruiert und nach 1980 gebaut. Da Otto Grotewohl 1964 verstorben ist, konnte er nur im Falle der Wiederauferstehung mit dem Waggon zu tun haben.

Zur Qualität des Zuges sagte Dr. Peters, dass er das Modernste war, was die DDR damals produzierte. »Da der Zellenwagen aus Kostengründen von einem Serientyp abgeleitet wurde, kann schon aus diesen Gründen von einem absichtlichen konzeptionell so angelegten ›Folterwaggon‹ nicht gesprochen werden.« (S. 14)

Heizung, Lüftung usw. entsprachen dem damals modernsten Standard, weshalb von besonderen schikanösen Bedingungen nicht gesprochen werden kann.

Wenn die Obergrenze der geplanten Transportkapazität (5 Gefangene in einem Abteil) erreicht worden wäre, müsste es eng geworden sein. Ob das je eintrat, ist nicht belegt. »Von Übergriffen seitens der Bewacher ist dem Verfasser in *keinem* Fall berichtet worden. Im Bundesarchiv konnte in den Aktenbeständen hinsichtlich von Häftlingsbeschwerden ebenfalls kein derartiger Vorgang ausgemacht werden.« (S. 18)

Dr. Peters veranschlagte die Reparaturkosten unter Berufung auf ein Ausbesserungswerk in Potsdam auf 25.000 DM. Die Beschreibung der Schäden ist für den Bericht ohne Belang. Wer für die Kosten der Reparatur und des Transporte aufgekommen ist, kann der Presse nicht entnommen werden.

Das abschließende Urteil von Dr. Peters lautet: »Das bloße Vorhandensein von engen Zellenwagen bzw. deren Einsatz … rechtfertigt aus sich heraus kaum ein extra ›Mahnmal‹, noch dazu, da während des Dritten Reiches tatsächlich menschenvernichtende Transporte stattfanden.« (S. 23/24)

Immerhin: In der *MDR*-Reportage »Zentrum des Terrors« tauchte der Gefangenentransportwagen als »authentisches Zeugnis« nicht auf. Die Bundesbahn wird sich vermutlich hüten, »authentische Zeugnisse« für die Todestransporte nach Auschwitz oder Terezin besichtigen zu lassen.

Wer Wind sät, wird Sturm ernten.

Hosea 8,7

Mit dem Maß, mit dem ihr messet,
wird man euch wieder messen.

Lukas 6,38

Überlegungen zur Bilanz verfehlter Gedenkstättenpolitik

Die Gedenkstättenpolitik, wie sie (nicht nur) in Hohenschönhausen betrieben wird, ist ein gefährliches Spiel. Vieles kann sich als Bumerang erweisen.

Ein Artikel des *ND* vom 15. Januar 2003 unter dem Titel »Wieder einmal wird die Stasi-Keule geschwungen – Verbaler Krieg um die Gedenkstätte Hohenschönhausen zieht weite Kreise« hieß es: »Die Angriffe richten sich gegen die Leitung des Hauses und kommen nicht aus irgendeiner linken Ecke oder einem altstalinistischen Geheimfach, sondern aus den eigenen Reihen. Sie richten sich gegen den wissenschaftlichen Direktor der Gedenkstätte Hubertus Knabe.

Die Schlammschlacht wird mit offenen Briefen und Erklärungen geführt. Von Skandalen in der Gedenkstätte ist da die Rede, von ›Entsorgung‹ der Mitarbeiter, von Vertreibung, von hysterischen Attacken usw.

Hintergrund ist die Nichtweiterbeschäftigung des ehemaligen Museumsführers Rainer Schubert in der Gedenkstätte. Er soll bei seinen Führungen Mithäftlinge, Mitarbeiter und Besucher verbal attackiert und bedroht haben.

Ein Besucher schilderte seine Begegnung mit Schubert wie folgt: Ich nahm im August 2002 an einer Führung teil. Bereits während der Einweisung der Besuchergruppe – vor allem Stadttouristen aus den alten Bundesländern – bedauerte Schubert lauthals, dass nicht bereits nach dem Mauerfall die ›rumänische Lösung‹ für alle Stasi- und

SED-Mitglieder zur Anwendung kam. Einige Besucher stimmten ihm darin begeistert zu. Wörtlich hieß es unter anderem: Es ist dazu ja noch nicht zu spät.

Der Westberliner Rainer Schubert wurde 1976 wegen staatsfeindlichem Menschenhandel, Sabotage im besonders schweren Fall, Urkundenfälschung, Terror und staatsfeindlicher Hetze zu einer Freiheitsstrafe von 15 Jahren in der DDR verurteilt.

Wie vieler derartiger ›Zeitzeugen‹ bedient sich wohl die Leitung der ›Gedenkstätte Berlin-Hohenschönhausen‹?

Der Streit beginnt im Grundsätzlichen, beim Recht der DDR, ihre Souveränität nach innen und nach außen zu schützen und alle dazu nötigen Gesetze zu erlassen und durchzusetzen, soweit sie nicht gegen das Völkerrecht verstoßen. Verstöße gegen das Völkerrecht sind der DDR (im Unterschied zur BRD) im UNO-System nie vorgeworfen worden. Es gilt auch heute: Die Souveränität des Staates hat ›zwei komplementäre und sich wechselseitig bedingende Seiten: Nach innen gewendet setzt ihr Inhaber letztverbindlich, von keiner anderen Macht abgeleitetes Recht. Nach außen ist er rechtlich weisungsfrei. Er schuldet von Rechts wegen keinem anderen Gehorsam.‹‹[94]

Warum geben sich Vertreter der politischen Klasse so viel Mühe und verschwenden so viele Steuergelder (die Gauck/Birthler-Behörde kostete den Steuerzahler bis 2005 ca. 1,3 Milliarden Euro)?

Verkürzt darf wohl zusammengefasst werden: Die Anziehungskraft sozialistischer Ideen soll gebrochen werden. Die DDR soll als »Missgeburt« oder gar als »Höllengeburt« verteufelt werden.

Vorwürfe über Vorgänge, die es in der DDR nicht gab, – Folter, Zwangsadoption, Psychiatriemissbrauch – (in demokratischen Staaten keineswegs seltene »Vorkommnisse«) liefern Bausteine für den »Diktaturenvergleich«.

Dieser »Diktaturenvergleich« führt zur Totalitarismus-Doktrin, der Gleichstellung von Drittem Reich und DDR, und mündet in der These vom »Unrechtsstaat DDR«, der letztlich das eigentliche verbrecherische System gewesen sei.

Damit wird den Neofaschisten aus der »gesellschaftlichen Mitte« und mit staatlichem Beistand Wasser auf die Mühlen gegeben.

Dafür gibt es täglich Beispiele. Selbst der Justizsenator von Berlin, Dr. Ehrhart Körting, meldete sich in der Zeitschrift *Recht und Politik* (3/1998, S. 129f.) zu Wort. Er bestreitet nicht, dass sich die gesetzlichen Bestimmungen für die Anordnung der Untersuchungshaft in der BRD und der DDR gleichen, dass sich auch die Haftanstalt äußerlich kaum von anderen unterscheidet (das Märchen von der Wassertortur wiederholt er natürlich), aber er tadelt, dass die Vernehmer das Ziel verfolgten, »den störungsfreien Ablauf eines Strafverfahrens zu gewährleisten«. Dabei spielte das Geständnis des Inhaftierten eine große Rolle. Wo ist das nicht der Fall? Körting geht es nicht so sehr darum, ob »nennbar typisches Unrecht wie körperliche Misshandlung und Folterung eines Menschen« erfolgt sei, sondern um die »subtilere Unterdrückung«, die erfolgt sei. Er sagte auch offenherzig, worum es beim Thema Hohenschönhausen geht:

»Wir geraten in Gefahr, uns rückblickend an niedrige Wohnungsmieten oder Öffnungszeiten von Kindergärten zu erinnern und die totalitäre Beherrschung der Menschen durch den Staat zu verdrängen.«

Also: Gruselkabinett statt Sozialpolitik.

Das tatsächliche Ergebnis dieser Art »Geschichtsbewältigung« ist

• die Verfälschung der Biographien der meisten DDR-Bürger

• die Verletzung der Persönlichkeitsrechte Zehntausender, die an den Pranger gestellt werden

• die Vernichtung der beruflichen Existenz Hundert-
tausender, die ausgegrenzt werden.

Rechtsanwalt Friedrich Wolff stellte in seinem Buch
»Einigkeit und Recht. Die DDR und die deutsche Justiz«
(edition ost, Berlin 2005) im Zusammenhang mit der
politischen Strafverfolgung von Mitarbeitern des MfS
fest: Aus den insgesamt nach 1990 eingeleiteten 20.000
bis 30.000 Ermittlungsverfahren gegen ehemalige MfS-
Mitarbeiter ergaben sich 143 Anklagen, von denen in 20
Fällen gerichtliche Verurteilungen erfolgten, davon zwölf
zu Geldstrafen und acht zu Freiheitsstrafen, von denen
wiederum sieben zur Bewährung ausgesetzt wurden.
Selbst diese Verurteilungen sind teilweise unter rechtsstaatlich fragwürdigen Bedingungen, zum Beispiel durch
sogenannte Deals zustande gekommen.

Alles in allem zeigt diese Bilanz der Vergangenheitsbewältigung, dass die Strafverfahren trotz des enormen Auf-
wands die These vom Unrechtsstaat nicht nur nicht
bestätigt, sondern widerlegt haben.

Allein diese Verfahrenszahlen widerlegen die allent-
halben verbreitete, unausrottbare Auffassung über Folter
in der DDR und Gewalttaten des MfS: Die akribische,
über zehn Jahre während Arbeit von Polizei, Staatsan-
waltschaften und Gerichten erbrachte den rechtskräfti-
gen Nachweis, dass diese Vorwürfe gegen das MfS unbe-
rechtigt sind. Die Kollektivverfolgung seiner Mitarbeiter
in der Öffentlichkeit, die Kürzung ihrer Rentenan-
sprüche, ihre politische Entrechtung und ihre arbeits-
rechtliche Benachteiligung sind folglich durch nichts
gerechtfertigt.«

Dennoch wurde das Ziel der Diskriminierung des
politischen Gegners, also des realen Sozialismus, wohl
weitgehend erreicht. Die Medienkampagne im Zusammenhang mit den jahrelang schwebenden Verfahren, das
Verschweigen ihrer Ergebnisse erzeugten in der öffentlichen Meinung das gewünschte Bild. Es wird, ungeachtet

des Resultats der Strafverfolgung, weiter verbreitet. So schreibt im Jahr 2001 ein Thomas Kunze in seinem Buch »Staatschef a. D. Die letzten Jahre des Erich Honecker« von der »Stasi«, dass sie es »in ihren Gefängnissen für opportun betrachtete, Häftlinge in Eis- und Wasserzellen zu sperren, ihnen Psychopharmaka zu verabreichen, sie mit Elektroschocks zu foltern, sie zu schlagen und zu demütigen«.

Keine einzige Verurteilung wegen solcher Untaten können Schaefgen, Marxen und Werle[96] nennen, keine Anklage existiert, nicht einmal ein Ermittlungsverfahren wäre zu erwähnen. Doch die Lügen werden weiter verbreitet, und allein darum geht es – auch bei den Führungen in Hohenschönhausen.

Es wuchs nicht zusammen, was zusammengehört. Zwischen den Krupps und Krauses gibt es keine verbindende Brücke. Die Krupps haben die »legale« Gewalt, die auch das Grundgesetz kaum einschränkt, über die Krauses in der DDR wiedererobert. Aber es gibt kein »Ende der Geschichte«[97] (wenn nicht der Imperialismus durch seine Politik die Menschheit auslöscht).

Wir halten uns an die Worte des 16. Präsidenten der USA, des 1865 ermordeten Abraham Lincoln: »Man kann alle Leute einige Zeit zum Narren halten und einige Leute allezeit, aber alle Leute allezeit zum Narren halten kann man nicht.«

Anmerkungen

1 Günter Gaus: Zur Sache: Deutschland, Dresdner Reden 1992, S. 5
2 Siehe: Bd. 2, S. 426 f.
3 spotless Nr. 174
4 GRH e.V., Franz-Mehring-Platz 1, 12043 Berlin, www. grh-ev.org
5 Der Spiegel 5/1997, S. 66
6 Geschichtsbilder. Weichenstellungen. Deutsche Geschichte nach 1945, Freiburg i. Br. 2003, S. 14 f.
7 Gerhard Besier: 1968 und die Sakralisierung der Politik, a. a. O. S. 145f. Meine Replik in: Horst Schneider: Das Hannah-Arendt-Institut im Widerstreit politischer Interessen, Berlin 2004, S. 79 f.
8 Eine Gesamtübersicht nach dem Stand 2004 bei: Annette Kaminski (Hrsg.): Orte des Erinnerns. Gedenkzeichen, Gedenkstätten und Museen zur Diktatur in SBZ und DDR, Bundeszentrale für politische Bildung, Bd. 428, Leipzig 2004
9 Lothar Bisky, Uwe-Jens Heuer, Michael Schumann: »Unrechtsstaat«? Politische Justiz und die Aufarbeitung der DDR-Vergangenheit, Hamburg 1994
10 Bautzen-Forum der Friedrich-Ebert-Stiftung, 17. Mai 96, S. 123
11 Orte des Erinnerns, a. a. O., S. 18f.
12 a. a. O., S. 15
13 a. a. O., S. 62f.
14 Grundlage dafür: Lutz Prieß: Die Gedenkstätte Berlin-Hohenschönhausen in der PDS-Geschichtsdebatte. Ein Überblick, Ansichten zur Geschichte der DDR, Bd. 8/10, S. 588f.
15 Friedrich, Thomas: Die Großküche des NSV. Zur Geschichte des Geländes, in: Über die Frühzeit des Sperrgebietes und Haftgeländes in Berlin-Hohenschönhausen. Publikationsreihe der Gedenkstätte Berlin-Hohenschönhausen, H. 3; Berlin 1997, S. 9f.
16 Karl Wilhelm Fricke/Silke Klewinski: Bautzen II. Sonderhaftanstalt unter MfS-Kontrolle 1956 bis 1989, Leipzig 2001. Norbert Haase/Birgit Sack (Hg.): Münchner Platz, Dresden. Die Strafjustiz der Diktaturen und der historische Ort, Leipzig 2001
17 Deutscher Bundestag, Drucksache 14/1563. Konzeption der künftigen Gedenkstättenförderung des Bundes und Bericht der Bundesregierung über die Beteiligung des Bundes an Gedenkstätten in der Bundesrepublik Deutschland; Deutscher Bundestag, Drucksache 15/3048. Förderung von Gedenkstätten zur Diktaturgeschichte in Deutschland
18 Lutz Prieß a. a. O., S. 598
19 Deutscher Bundestag, Drucksache 12/7820, S. 233
20 Lutz Prieß a. a. O., S. 599
21 Endrik Wilhelm: »Versteckte Gesetzesverstöße« in der Revision, in: *Zeitschrift für Strafrechtswissenschaft* 117 (2005) 1, S. 144f. Jürgen Rath:

Das subjektive Rechtfertigungselement. Zur kriminalrechtlichen Relevanz eines subjektiven Elements in der Ebene des Unrechtsausschlusses – auf der Grundlage einer Rechtsphilosophie im normativen Horizont des Seins. Eine rechtsphilosophisch-kriminalrechtliche Untersuchung. Berlin, Heidelberg, New York: Springer 2002

22 *Die Zeit*, Hamburg, 20. September 1996, S. 15

23 Peter Erler: Die »deutsche Lubjanka« in Hohenschönhausen, in: *Zeitschrift des Forschungsverbundes SED-Staat*, Freie Universität Berlin 15/2004, S. 93f.

24 Die Bezeichnung NKWD/KGB steht im vorliegenden Buch allgemein für die sowjetische Organisation für Staatssicherheit, die bis 1954 unter verschiedenen Namen (u. a. MGB) agiert hat und nach dem März 1954 als KGB arbeitete.

25 Orte des Erinnerns. Gedenkzeichen, Gedenkstätten und Museen zur Diktatur in SBZ und DDR, herausgegeben von Annette Kaminsky, Bundeszentrale für politische Bildung, Bd. 428, Bonn 2004

26 Bernd Faulenbach: Konkurrierende Vergangenheiten? Zu den aktuellen Auseinandersetzungen um die deutsche Erinnerungskultur. *Deutschland-Archiv* 4/2004, S. 648f. Eine sachliche Replik, die ich der Redaktion anbot, wurde nicht angenommen.

27 Lutz Prieß: Die Gedenkstätte Berlin-Hohenschönhausen in der PDS-Geschichtsdebatte. Ein Überblick, in: Ansichten zur Geschichte der DDR, Bd. 9-10, S. 588f.

28 a. a. O., S. 589

29 Hier wird nicht auf die Umstände der Einberufung und des Verlaufes des Parteitages eingegangen.

30 Außerordentlicher Parteitag der SED-PDS, Berlin Dezember 1989, Materialien, Berlin 1990, S. 55

31 Vergl. Lutz Prieß, a. a. O., S. 592

32 Zum Ostbüro der SPD, siehe: Wolfgang Schmidt: Die Sicherung der politischen Grundlagen der DDR, in: Die Sicherheit. Zur Abwehrarbeit des MfS, Bd. I, Berlin 2002, S. 599f.; Wolfgang Buschfort: Das Ostbüro der SPD. Von der Gründung bis zur Berlin-Krise, München 1991

33 Lutz Prieß a. a. O., S. 593

34 a. a. O., S. 534. Im Hinblick auf Bautzen II kann ich diese Feststellung auch für die sächsische PDS bestätigen.

35 Lutz Prieß a. a. O., S. 599f.

36 Jürgen Hofmann: »Zur Auseinandersetzung mit der Hohenschönhausener Gedenkstätte für die Opfer des Stalinismus«, in: *Utopie kreativ*, Juli/August 1997, Heft 81/82, S. 159

37 Zitiert nach Lutz Prieß a. a. O., S, 601

38 Die Erklärung liegt dem Autor vor.

39 *Neues Deutschland* vom 19./20. Februar 2005

40 Eintragung Richard von Weizsäckers am 20. Februar 1992 in das Gäs-

tebuch der Stadt Bautzen, Bulletin des Presse- und Informationsamtes der Bundesregierung, 26. Februar 1992, S. 232

41 Lutz Niethammer: Alliierte Internierungslager in Deutschland nach 1945.Ein Vergleich und offene Fragen, in: Sowjetische Speziallager in Deutschland, a. a. O., S. 97f.

42 Ebenda, S. 97

43 Gabriele Zimmermann: Das Internierungslager Dachau 1945-1948, und Kathrin Mayer: Die Internierung von NS-Funktionären in der US-Zone Deutschlands, in: *Dachauer Hefte* 19 (November 2003), S. 24f. Nach den Angaben Kathrin Mayers gab es in der US-Zone 37 Internierungslager, zwei Internierungsgefängnisse und sieben Internierten-Krankenhäuser.

44 Horst Schneider: Das Hannah-Arendt-Institut im Widerstreit der Interessen, spotless-Verlag, Berlin 2004

45 *Zeitschrift des Forschungsverbandes SED-Staat*, Freie Universität Berlin 15/2004, S. 93f.

46 Sowjetische Speziallager in Deutschland 1945 bis 1950. Studien und Bericht. Herausgegeben und eingeleitet von Alexander von Plato, Bd. 1, Akademie-Verlag 1988, S. 318.

47 Bautzen Forum Nr. 5, Leipzig 1994, S.96

48 Dieter Rieke: Geliebtes Leben, a. a. O., S. 139f. Fritz Rieke trat mehrmals nach 1990 auf dem »Bautzen-Forum« Nr. 1 und 2 auf. Sein Lieblingsthema war »Sozialdemokratischer Widerstand gegen den Stalinismus«. Gemeint war die Tätigkeit des Ostbüros der SPD. Siehe dazu: Helmut Bärwald: Das Ostbüro der SPD. Krefeld 1991. Wolfgang Buschfort: Das Ostbüro der SPD. München 1991

49 Peter Erler: Die »deutsche Lubjanka«, a. a. O., S. 106

50 Peter Erler: Das Untersuchungsgefängnis, in: *DeutschlandArchiv* 2/2005 S. 258

51 Karl Wilhelm Fricke: Politik und Justiz in der DDR, Köln 1979, S. 6f.

52 a. a. O., S. 13

53 a. a. O.,S. 23

54 Marion Gräfin Dönhoff: Weil das Land sich ändern muss …, Reinbek bei Hamburg 1993, S. 179

55 Roman Herzog: Wahrheit und Klarheit, Reden zur deutschen Geschichte, Hamburg 1995, S. 121f.

56 *Süddeutsche Zeitung*, 22. April 2004

57 Christian Staas: Land der Träume, in: *Die Zeit*, 28. Oktober 2004

58 Anna Funder: Stasiland, aus dem Englischen von Harald Riemann. Europäische Verlagsanstalt, Hamburg 2004

59 a. a. O., S. 264 f.

60 Johannes L. Kuppe: Umgang mit brisanten Akten, in: *Das Parlament*, 18. Oktober 2004

61 »Stasi-Forschung gleicht mehr und mehr einem absurden Theater«, in: *Das Parlament*, 1. November 2004, Nr. 45

62 Günter Platzdasch: Trödelmärkte und Schlachtfelder, in: *Neues Deutsch-land*, 1. November 2004.

63 a. a. O

64 Homepage der Gedenkstätte

65 Peter Erler: Sowjetische Geheimdienststrukturen im Industriegebiet Berlin-Hohenschönhausen (Mai 1945 bis Frühjahr 1951), Berlin 2004. Peter Erler mit Thomas Friedrich: Genslerstraße 66, Speziallager 3, Berlin 1995

66 Peter Erler/Hubertus Knabe: Der verbotene Stadtteil. Stasi-Sperrbezirk Berlin-Hohenschönhausen, Jaron-Verlag, Berlin 2005

67 Hubertus Knabe: Tag der Befreiung? Das Kriegsende in Ostdeutsch-land, Propyläen-Verlag Berlin 2005

68 Hubertus Knabe: Die unterwanderte Republik. Stasi im Westen, Berlin 1999; derselbe: Der diskrete Charme der DDR. Stasi und Westmedien, Berlin 2001

69 Der Text ist in meiner Hand, der Verfasser ist mir bekannt.

70 Die Sicherheit, Bd. 2, Berlin 2002, S. 506f.

71 Anna Funder: Stasiland, a. a. O., S. 269

72 *RotFuchs,* Mai 2005, S. 26

73 Anna Funder, a. a. O., S. 264f.

74 a. a. O., S. 270

75 *Süddeutsche Zeitung*, 18. Juni 1994, zitiert nach: Die Sicherheit a. a. O., S. 436

76 Die Sicherheit …, Bd. 2, a. a. O., S. 501

77 a. a. O., S. 503

78 Friedrich Wolff: Verlorene Prozesse 1953-1998. Meine Verteidigungen in politischen Verfahren. NOMOS-Verlagsgesellschaft, Baden-Baden 1999, S. 122

79 Karl Mays Werke; In den Cordilleren, S. 410 ff. Digitale Bibliothek Band 77: Karl Mays Werke, S. 47632 (Vergl. KMW-IV, S. 272 ff.)

80 Peter Erler, a. a. O., S. 105, Fußnote 76

81 a. a. O., Fußnote 74

82 Die Sicherheit …, Bd. 2, a. a. O., S. 510f.

83 a. a. O., S. 513f.

84 Karli Coburger/Dieter Skiba: Die Untersuchungsorgane des MfS (HA IX im MfS/Abt. IX der BV), in: Die Sicherheit, Bd. 2, a. a. O., S. 426

85 a. a. O., S. 430f.

86 a. a. O., S. 447

87 a. a. O., S. 433

88 a. a. O., S. 517

89 Historiker rehabilitiert NS-Verbrecher; in: *Der Spiegel*, 23. August 2004. Siehe auch die Vorgänge an der Gedenkstätte Münchner Platz in Dresden, in: Gerhard Lehmann: Was war und was ist. Die Mahn- und Gedenkstätte am Münchner Platz, edition ost, Berlin 2004

90 *Der Stacheldraht* 3/2004, S. 4

91 *Dresdner Neueste Nachrichten*, 6./7. März 2004

92 Meine Recherche ist abgedruckt im: *RotFuchs*, Juli 2004

93 *Horch und Guck*, 2/1997, S. 49 f.

94 Bardo Fassbender: Die souveräne Gleichheit der Staaten – ein ange-
fochtenes Grundprinzip des Völkerrechts; in: Aus Politik und Zeitge-
schichte, B. 43/2004, S. 8

95 *junge Welt*, 28. Oktober 2004

96 Klaus Marxen/Gerhard Werle: Die strafrechtliche Aufarbeitung von
DDR-Unrecht. Eine Bilanz. Berlin und New York 1999, S. 198ff.

97 Richard von Weizsäcker: Die deutsche Geschichte geht weiter, Berlin
1983